TRAINING

Realschule

Mathematik 5. Klasse

Dirk Müller

Autor: Dirk Müller

Seit seinem Staatsexamen 1999 unterrichtete Dirk Müller an den Realschulen in Schöllnach und Burgkunstadt die Fächer Mathematik und Physik. Derzeit erfüllt der Autor seinen Lehrauftrag in diesen Fächern an der staatlichen Realschule in Unterschleißheim.

Bildnachweis

Umschlag: © topseller/Shutterstock.com

© David Fuchs, Berlin: S. 1, 26, 62, 66, 75, 81, 90, 96, 120, 147, 182

S. 5: © Dirk Müller

S. 13: © Aéro Watch S.A., Rue de l'Ouest, 2 CH-2340 Le Noirmont

S. 14: © Christian Lekebusch

S. 27: © Axel Mellinger, Universität Potsdam

S. 36: © Sascha Burkhard – Fotolia.com (Frosch)
    © Eric Isselée – Fotolia.com (Eule)
    © Annette Shaff – Fotolia.com (Chihuahua)

S. 39: © Lyn Baxter/Dreamstime.com

S. 50: © Martin Raab – Fotolia.com (München),
    © Rafael Ramirez Lee/Dreamstime.com (Segelschiff)

S. 52: © Anchiy/Shutterstock.com

S. 53: © Elena Elisseeva/Dreamstime.com

S. 60: © Mahr GmbH, Esslingen (Messuhr, Messschieber)

S. 63: © Markus Pusmann, München 1591

S. 65: © Birgit Reitz-Hofmann/Dreamstime.com (Gießkanne),
    © www.pachd.com (Teekanne),
    © Fons Reijsbergen – sxc.hu (Patronen),
    © AGITA LEIMANE/Fotolia.com (Wanne), © oelheld GmbH,
    lizenziert unter CC BY-SA 3.0 DE (Fass)

S. 69, S. 171: © Frank Borchers, Zeven/www.photocase.de

S. 71: © Karte Bayerisches Landesvermessungsamt

S. 72: © Florian Fölsch, Hamburg

S. 73: © W. A. Widmer, CH-8703 Erlenbach

S. 77: © Jungheinrich AG, Hamburg

S. 78: © Hans Jürgen Stumpf, Ismaning

S. 79: © NASA/NSSDC

S. 84: © Foto Holiday Park Hassloch

S. 98: © Flughafen München GmbH

S. 108: © Christa Korallus/www.pixelquelle.de

S. 129: © oelheld GmbH, lizenziert unter CC BY-SA 3.0 DE

S. 132: © Felix Casio/Dreamstime.com

S. 133: © poznyakov/123rf.com

Redaktion: S. 4, 15, 16, 17, 19, 22, 23, 32, 34, 60 (Lineal, Bandmaß), 64, 68, 75, 80, 82, 85, 88, 92, 98, 101, 106, 107, 142, 143

© 2022 STARK Verlag GmbH, Claudius-Keller-Str. 3c, 81669 München, info@stark-verlag.de
www.stark-verlag.de
1. Auflage 2018

Inhaltsverzeichnis

(Fortsetzung nächste Seite)

Autor: Dirk Müller

Vorwort an die Schüler*innen

Liebe Schülerin, lieber Schüler,

du hast den Übertritt an die Realschule geschafft. Dazu gratuliere ich dir recht herzlich und wünsche dir weiterhin viel Erfolg in der Schule.

Du kannst mit diesem Buch den gesamten Lehrstoff der 5. Jahrgangsstufe trainieren. Das Buch ist folgendermaßen aufgebaut:

- Jedes neue Thema beginnt mit einer **kurzen Einführung**, in der beschrieben wird, worum es geht.
- In den **Merkkästen** wird der neue Stoff leicht verständlich erklärt.
- Die **Beispiele** erläutern und veranschaulichen den neuen Inhalt.
- Es folgt eine vielfältige Auswahl an abwechslungsreichen **Aufgaben**.
- Zu jeder Aufgabe gibt es ausführlich vorgerechnete **Lösungen** am Ende des Buches.

Gehe wie folgt vor, um optimal mit dem Buch zu arbeiten:

- Suche dir das Kapitel, das du bearbeiten willst.
- Löse ein paar Aufgaben und überprüfe die Lösungen.
- Wenn du die Aufgaben korrekt gelöst hast, bearbeite die übrigen Aufgaben des Kapitels, um zu sehen, ob du bereits den gesamten Stoff beherrschst.
- Kannst du eine Aufgabe nicht auf Anhieb lösen, solltest du zunächst die Merkkästen und Beispiele genau durcharbeiten und dich erneut an die Aufgabe setzen.
- Gelingt dir die Lösung der Aufgabe trotzdem nicht, markiere die Aufgabe und lies dir die Lösung durch. Wenn du sie nachvollzogen hast, dann löse sie nach einigen Tagen noch einmal, damit du sicher sein kannst, sie verstanden zu haben.

Bei der Arbeit mit dem Buch wünsche ich dir Freude und viele Erfolgserlebnisse.

Dirk Müller

Vorwort an die Eltern

Liebe Eltern,

ich freue mich, dass Sie Ihr Kind auf dem Weg durch die Realschule unterstützen, und wünsche Ihnen dabei viel Erfolg.

Das Buch enthält das gesamte **Grundwissen** der 5. Jahrgangsstufe in prägnanter und schülergerechter Form und ist somit eine optimale Ergänzung zum Unterricht:

- Mithilfe von eingängigen Beispielen und abwechslungsreichen Aufgaben kann Ihr Kind den gesamten **Schulstoff nacharbeiten und festigen.**
- Bestehende **Lücken** können leicht **beseitigt** werden, indem Sie das entsprechende Kapitel auswählen, es wiederholen und die zugehörigen Aufgaben rechnen lassen.
- Ihr Kind kann sich mit dem Buch auch ideal **auf Klassenarbeiten vorbereiten** und am Ende des Schuljahres den **gesamten Stoff wiederholen.**

Bitte berücksichtigen Sie folgende **Vorgehensweise** beim Einsatz des Buches:

- Ihr Kind sollte die Aufgaben selbstständig lösen, ohne den Lösungsteil zu benutzen – dieser dient nur der Überprüfung.
- Gelingt das Lösen der Aufgabe nicht, hilft es, wenn Ihr Kind zunächst das Grundwissen und die einschlägigen Beispiele durcharbeitet und sich anschließend erneut mit der Aufgabe befasst.
- Erscheint die Aufgabe dennoch im Moment zu schwierig, sollte Ihr Kind die Aufgabe markieren, sie mithilfe des Lösungsteils bearbeiten und nach einer gewissen Zeit die Aufgabe noch einmal selbst lösen.

Ich wünsche Ihrem Kind viel Freude bei der Arbeit mit dem Buch und anhaltenden Erfolg in der Schule.

Dirk Müller

Natürliche Zahlen – Zahlensysteme und Zahlenmengen

1 Anordnung der natürlichen Zahlen

Kann man nachts nicht einschlafen, hilft es manchmal, in Gedanken Schafe zu zählen, die über einen Zaun springen. Dabei verwendet man die Zahlen 1, 2, 3, 4 usw.

Die Zahlen 1, 2, 3, 4, … fasst man in der Menge der **natürlichen Zahlen N** zusammen. Man benutzt sie zum **Zählen und Ordnen**. Natürliche Zahlen werden an einem **Zahlenstrahl** durch **Bildpunkte** oder **Zahlenpfeile** dargestellt.

Beispiel

> • Eine natürliche Zahl a ist **größer** als eine andere natürliche Zahl b, wenn ihr Bildpunkt auf dem Zahlenstrahl **weiter rechts** liegt. Ihr Zahlenpfeil ist **länger**.
> a > b, lies: a ist **größer** als b
>
> • Ist der Zahlenpfeil einer natürlichen Zahl a **kürzer**, so liegt ihr Bildpunkt auf dem Zahlenstrahl **weiter links** als der Bildpunkt der anderen natürlichen Zahl b und die Zahl ist **kleiner**.
> a < b, lies: a ist **kleiner** als b

Beispiel   Zeichne den Zahlenpfeil zur Zahl 4. Trage dann den Zahlenpfeil zum **Vorgänger** der Zahl 4 und den Bildpunkt zum **Nachfolger** der Zahl 4 in Rot ein. Vergleiche die Zahlen miteinander.

Lösung:

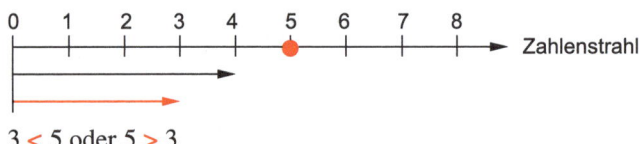

3 < 5 oder 5 > 3

1   Vergleiche die markierten natürlichen Zahlen miteinander.

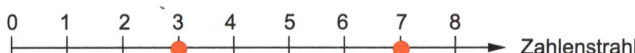

2   Setze für ☐ das passende Zeichen „>, <, =" ein.

    a)   3 456 ☐ 3 455

    b)   45 362 782 ☐ 45 362 882

    c)   8 566 ☐ 8 566

    d)   387 654 ☐ 387 564

3   Notiere die natürlichen Zahlen, die am Zahlenstrahl dargestellt sind.

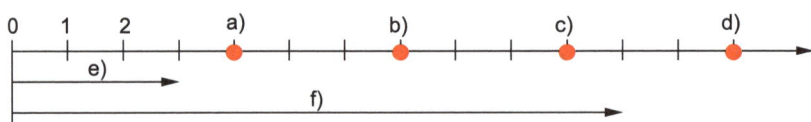

2 Das Dezimalsystem (Zehnersystem)

Wir benutzen die **zehn Ziffern** 0, 1, 2, 3, 4, 5, 6, 7, 8 und 9, um Zahlen zu bilden.
Wenn man einen Taschenrechner benutzt und beispielsweise die Zahl 1 357 eingibt, rücken die zuerst eingegebenen Ziffern immer weiter nach links und erhalten dadurch einen anderen Wert. Man kann auch sagen, sie verändern ihre Stelle und damit ihren Stellenwert.

Das Zehnersystem ist ein **Stellenwertsystem**, da der Wert einer Ziffer von der Stelle, an der sie innerhalb der Zahl steht, abhängt. Die rechte Ziffer einer Zahl hat den Wert 1, jede Stelle weiter links hat den 10-fachen Wert.
Die Zahlen **1, 10, 100, 1 000, …** nennt man **Stufenzahlen**.

Beispiel $\quad 12\,548 = 1 \cdot \mathbf{10\,000} + 2 \cdot \mathbf{1\,000} + 5 \cdot \mathbf{100} + 4 \cdot \mathbf{10} + 8 \cdot \mathbf{1}$

In tabellarischer Anordnung kann man Zahlen so darstellen:

Billiarden			Billionen			Milliarden			Millionen			Tausender			Einer			
Hunderter	Zehner	Einer	Hunderter	Zehner	Einer	Hunderter	Zehner	Einer	Hunderter	Zehner	Einer	Hunderter	Zehner	Einer	Hunderter	Zehner	Einer	
...	...	Brd	HB	ZB	B	HMrd	ZMrd	Mrd	HMio	ZMio	Mio	HT	ZT	T	H	Z	E	Abkürzungen
					1	0	0	0	0	0	4	5	0	0	0	6	0	1B 4Mio 5HT 6Z
						6	0	0	6	0	0	6	0	0	6	0	6	6Mrd 6Mio 6T 6E

Beispiel   Schreibe zuerst mit Gliederungsstrichen, dann ohne:
17Mio 34T 30E

Lösung:
17 | 034 | 030   17 034 030

4 Schreibe mithilfe von Stufenzahlen.

   a) 245   b) 37 149

   c) 4 357   d) 55 071

5 Schreibe mit Gliederungsstrichen und darunter die Abkürzungen.

   a) 352699802   b) 36470010

   c) 833095   d) 1000600

6 Schreibe zuerst mit Gliederungsstrichen, dann ohne.

   a) 4Mio 765T 87E   b) 67Mrd 56Mio 8T 56E

   c) 800Mio 80T 8E   d) 11T 5E

7 Versuche, so viele Mühlsteine wie möglich zu erreichen. Dazu musst du die Aufgaben 1–7 lösen, indem du die richtigen Zahlen zuordnest. Aus den Buchstaben ergibt sich ein Lösungswort.

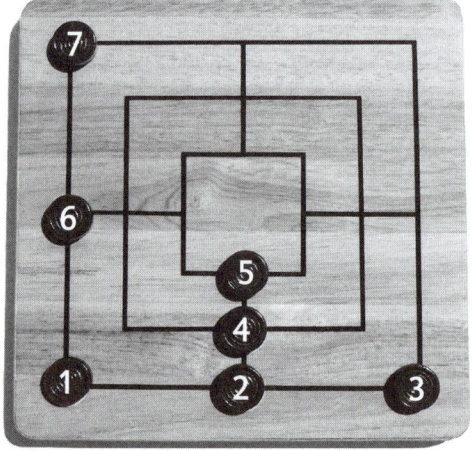

  1 538

  2 20Mio 38T 51E

  3 19 | 035 | 001

  4 100 000 + 300 + 10

  5 1T 1H 1E

  6 9 876 830

  7 21 034

1 111	**O**	100 310	**T**
9Mio 87T 683	**H**	500 + 30 + 8	**S**
500 + 300 + 8	**P**	11 001	**H**
1 101	**Z**	20 038 051	**P**
19 035 001	**I**	1 000 310	**J**
21	034	**R**	210	34	**T**
203 800 051	**F**	9Mio 876T 830E	**E**

Lösungswort:

1	2	3	4	5	6	7

3 Runden

Oft ist es im alltäglichen Leben gar nicht notwendig, Zahlen genau anzugeben. Meist genügt ein gerundeter Wert, damit Vergleiche gezogen werden können. Bei Höhenangaben von Bergen ist eine gerundete Zahl (man sagt auch ein Näherungswert) ausreichend. So ist etwa die Zugspitze 2962,06 m hoch, doch vermittelt auch die gerundete Zahl 2 960 m eine ausreichend gute Vorstellung.

Vorgehen beim Runden:

- Rundet man auf eine bestimmte Stelle, so betrachtet man den **Stellenwert rechts** von der Rundungsstelle.
- Rundungsstellen sind **Zehner (Z), Hunderter (H), Tausender (T), Zehntausender (ZT), Hunderttausender (HT), Millionen (M), …**
- Bei den Ziffern **0, 1, 2, 3, 4** wird **ab**gerundet, die **Rundungsstelle** bleibt **erhalten** und für alle **nachfolgenden Ziffern** wird eine **Null** geschrieben.
- Bei den Ziffern **5, 6, 7, 8, 9** wird **auf**gerundet, die **Rundungsstelle** wird um 1 **erhöht** und für alle **nachfolgenden Ziffern** wird eine **Null** geschrieben. Beachte, dass beim Aufrunden der 9 statt der 9 eine 0 geschrieben wird und die Stelle davor um 1 erhöht wird.
- Verwende beim Runden das Zeichen ≈ (sprich: „ist ungefähr" oder „ist rund").

Beispiele

1. Der Niger ist ein 4 184 km langer Fluss in Afrika. Welche Länge hat der Niger, wenn du seine Länge auf Hunderter gerundet angibst?

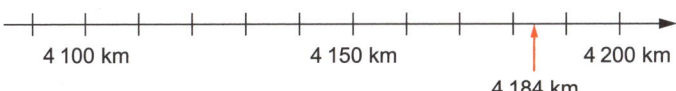

Am Zahlenstrahl wird klar:
Die Zahl 4 184 liegt zwischen den ganzen Hundertern 4 100 und 4 200.
Da 4 184 näher an 4 200 als an 4 100 liegt, muss auf den nächsten Hunderter 4 200 aufgerundet werden. Also hat der Niger auf Hunderter gerundet eine Länge von 4 200 km.

Ohne Zahlenstrahl schließt man wie folgt:

Runden auf Hunderter:

4 **1**84 km ≈ 4 **2**00 km

⎾ nachfolgende Ziffer
⎿ Rundungsstelle

Die Rundungsstelle ist hier der Hunderter. Die nachfolgende Ziffer gibt an, wie man rundet. Hier steht 8, also wird aufgerundet. Die Rundungsstelle wird um 1 erhöht, alle nachfolgenden Ziffern werden 0.

2. Beachte, wie sich beim Runden der Zahl 23 874 auf verschiedene Stellen-
werte das Ergebnis verändert.

Runden auf Zehner:

23 8**74** ≈ 23 8**70**

└─ nachfolgende Ziffer
└─ **Rundungsstelle**

Die Rundungsstelle ist hier der Zehner. Die nachfolgende Ziffer gibt an, wie man rundet. Hier steht 4, also wird abgerundet. Die Rundungsstelle bleibt unverändert, alle nachfolgenden Ziffern werden 0.

Runden auf Hunderter:

23 **874** ≈ 23 **9**00

└─ nachfolgende Ziffern
└─ **Rundungsstelle**

Die Rundungsstelle ist hier der Hunderter. Die nachfolgende Ziffer gibt an, wie man rundet. Hier steht 7, also wird aufgerundet. Die Rundungsstelle wird um 1 erhöht, alle nachfolgenden Ziffern werden 0.

Runden auf Tausender:

2**3 874** ≈ 2**4 000**

└─ nachfolgende Ziffern
└─ **Rundungsstelle**

Die Rundungsstelle ist hier der Tausender. Die nachfolgende Ziffer ist 8, also wird aufgerundet. Die Rundungsstelle wird um 1 erhöht, alle nachfolgenden Ziffern werden 0.

Runden auf Zehntausender:

23 874 ≈ **2**0 000

└─ nachfolgende Ziffern
└─ **Rundungsstelle**

Die Rundungsstelle ist hier der Zehntausender. Die nachfolgende Ziffer ist 3, also wird abgerundet. Die Rundungsstelle bleibt unverändert, alle nachfolgenden Ziffern werden 0.

3. Beachte, wie sich beim Runden der Zahl 439 674 auf Tausender die Ziffer
9 an der Rundungsstelle auswirkt.

Runden auf Tausender:

43**9 674** ≈ **440 000**

└─ nachfolgende Ziffern
└─ **Rundungsstelle**
└─ Ziffer vor der Rundungsstelle

Die Rundungsstelle ist hier die 9 an der Tausenderstelle. Die nachfolgende Ziffer ist 6, also wird aufgerundet. Bei einer 9 an der Rundungsstelle wird die Ziffer vor der Rundungsstelle um 1 erhöht, die 9 an der Rundungsstelle und alle nachfolgenden Ziffern werden 0.

Eine **Überschlagsrechnung** mit gerundeten Werten ist hilfreich, um Ergebnisse in Rechenaufgaben zu überprüfen oder entstehende Kosten abzuschätzen.

Beispiel

Beim Online-Einkauf hat Lisa im Warenkorb
5 Artikel zu Preisen von 73 €, 117 €, 23 €,
179 € und 42 € liegen.
Wie teuer kommt Lisa der Einkauf ungefähr?

Lösung:
Überschlagsrechnung:

   73 € + 117 € + 23 € + 179 € + 42 €
≈ 7**0** € + 12**0** € + 2**0** € + 18**0** € + 4**0** € = 430 €

Hier ist es sinnvoll, auf Zehner zu runden.

Lisa muss mit rund 430 € für den Einkauf rechnen.

Hinweis: Der exakte Wert beträgt 434 €.

8 Runde die Zahl 356 124 769 jeweils auf die angegebene Stelle.
(H = Hunderter, T = Tausender, ZT = Zehntausender, HT = Hunderttausender,
M = Millionen, ZM = Zehnmillionen, HM = Hundertmillionen)

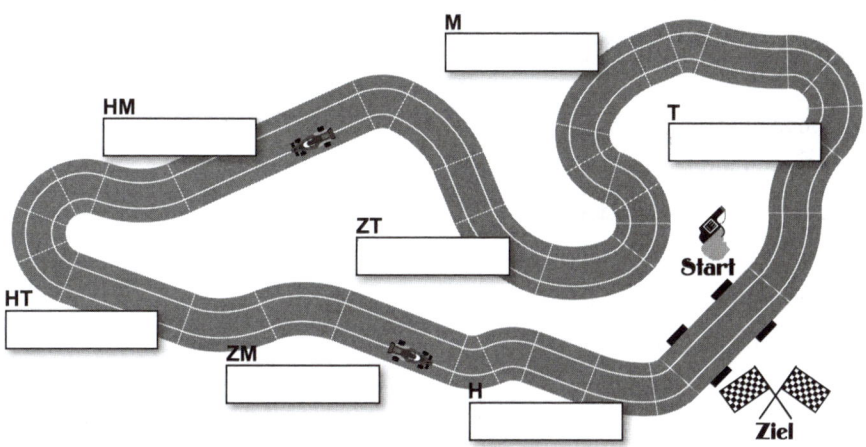

9 Die folgende Übersicht zeigt einige der längsten Flugrouten der Welt.
Runde die Flugkilometer auf Hunderter.

Flugroute	Flugkilometer	gerundete Fluglänge
New York – Singapur	15 753 km	
Los Angeles – Singapur	14 114 km	
Johannesburg – Atlanta	13 582 km	
Sydney – Dallas	13 804 km	
Frankfurt am Main – Buenos Aires	11 515 km	
Dubai – Los Angeles	13 420 km	

10 Runde die folgenden Zahlen auf Zehner, Tausender und Hunderttausender.

Zahl	Zehner	Tausender	Hunderttausender
253 610			
4 152 263			
54 512 896			
200 548			
89 544 119			

11 Welche Rundungen sind sinnvoll? Welche sind nicht sinnvoll? Kreuze an.

	sinnvoll	nicht sinnvoll
Code-Nummer des Fahrrads	☐	☐
Note in der Klassenarbeit	☐	☐
Einwohnerzahl einer Stadt	☐	☐
Telefonnummer	☐	☐
Alter der Pyramiden	☐	☐
Besucher eines Fußballspiels	☐	☐
Schuhgröße	☐	☐
Höhe eines Bergs	☐	☐
Kontonummer bei der Bank	☐	☐

12 Gib jeweils eine Ziffer an, die in die Leerstelle eingesetzt werden kann.
Die Rundungsstelle ist jeweils die Stelle vor der Leerstelle.

a) $876\_ \approx 8\,760$

b) $7\_7 \approx 800$

c) $4\_65 \approx 4\,000$

d) $96\_42 \approx 96\,000$

e) $299\_12 \approx 300\,000$

f) $16\_1 \approx 1\,700$

13 Das Bilddiagramm zeigt den landwirtschaftlichen Viehbestand Deutschlands.

Bilddiagramm	Bestand
Milchkuh:	4 200 000
Rind:	12 500 000
Schwein:	27 300 000
Huhn:	39 000 000

a) Für wie viele Tiere steht jeweils ein Tiersymbol?

b) Für welche Tierart klafft die größte Lücke zwischen Bilddiagrammdarstellung und Bestand?

14 Die Einwohnerzahlen in den Münchner Stadtteilen sind gerundet. Die Rundungsstelle ist in Klammern angegeben.
Wie groß/klein könnten die ungerundeten Einwohnerzahlen theoretisch sein?

	Bogenhausen	Schwabing	Laim	Maxvorstadt
gerundete Zahl	82 000 (T)	69 700 (H)	54 030 (Z)	50 000 (ZT)
größtmögliche Zahl				
kleinstmögliche Zahl				

15 In diesem Säulendiagramm sind die Höhenmeter eines Bergsteigers dargestellt,
die er beim Erreichen des Gipfelkreuzes verschiedener Berge innerhalb eines
Monats bewältigt hat. Überschlage die Höhenmeter auf Hunderter gerundet.

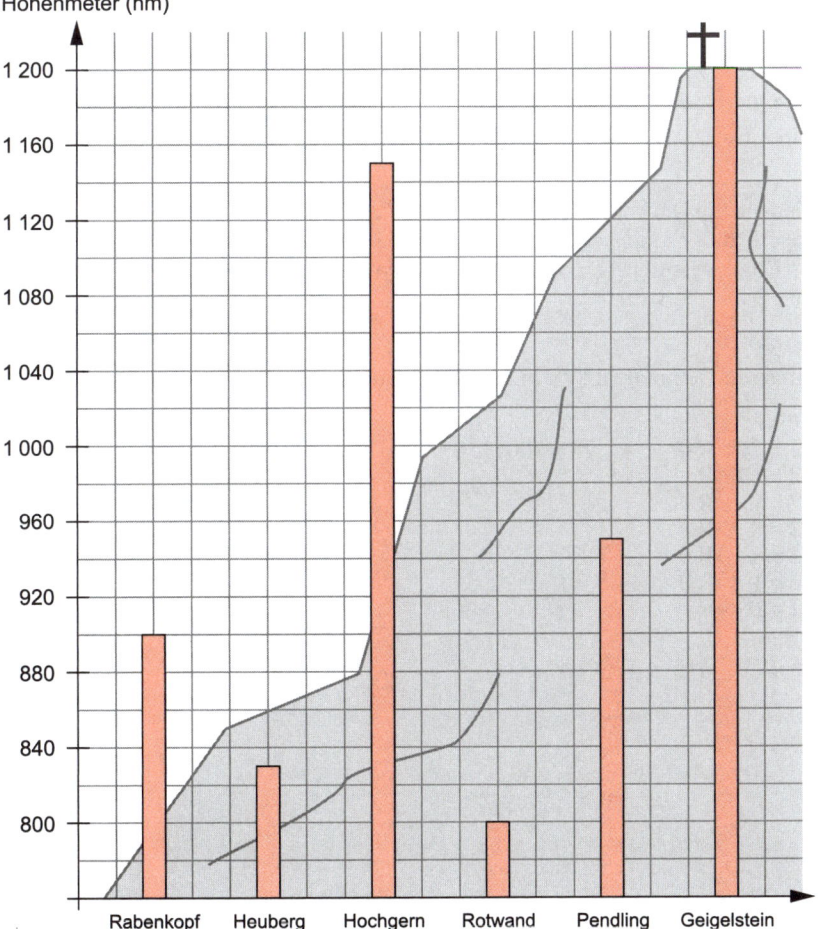

4 Das Dualsystem (Zweiersystem)

Zahlen kann man auch auf andere Weise darstellen. Computer rechnen z. B. mit Dualzahlen.

Auch das Dualsystem ist ein **Stellenwertsystem**. Dualzahlen schreibt man nur mit den Ziffern **0 und 1**. Die rechte Ziffer einer Zahl hat den Wert 1, jede Stelle weiter links hat den doppelten Stellenwert. Im Zweiersystem nennt man die Zahlen **1, 2, 4, 8, 16, ... Stufenzahlen**.

Beispiel

$$101101 = 1 \cdot 32 + 0 \cdot 16 + 1 \cdot 8 + 1 \cdot 4 + 0 \cdot 2 + 1 \cdot 1$$
$$= 32 + 8 + 4 + 1$$
$$= 45$$

Wenn du eine Dezimalzahl in eine Dualzahl umrechnen willst, befolge diese Schritte:

- Dividiere die Dezimalzahl so oft durch die Zahl 2, bis am Ende die Zahl 0 steht.
- Notiere jeweils den Rest (R).
- Die Dualzahl erhältst du, wenn du die Reste in der umgekehrten Reihenfolge notierst.

Beispiel

Rechne die Dezimalzahl 78 in eine Dualzahl um.

Lösung:

$78 : 2 = 39$	R 0
$39 : 2 = 19$	R 1
$19 : 2 = 9$	R 1
$9 : 2 = 4$	R 1
$4 : 2 = 2$	R 0
$2 : 2 = 1$	R 0
$1 : 2 = 0$	R 1

$78 = 1001110$

16 Mithilfe der Lampen lassen sich die dezimalen Zahlen von 0 bis 31 als Dualzahlen darstellen. Die rechte Lampe hat dabei den Wert 1. Leuchtet die um eine Stelle weiter links stehende Lampe auf, so erhält man den doppelten Wert der vorhergehenden Stufenzahl.

1 dezimal	2 dezimal	4 dezimal
(1) dual	(1)(0) dual	(1)(0)(0) dual

Markiere die Lampen, die leuchten müssen, um die folgenden dezimalen Zahlen dual darstellen zu können. Notiere dann die Dualzahl.

a) 0

_____

b) 8

_____

c) 12

_____

d) 31

_____

17 Rechne die angegebene Dualzahl in eine Dezimalzahl um.

a) 111 = _____

b) 1010 = _____

c) 11011 = _____

d) 111101110 = _____

e) 101 = _____

f) 11101 = _____

g) 100101 = _____

h) 11001 = _____

18 Rechne die angegebene Dezimalzahl in eine Dualzahl um.

a) 24   b) 68

c) 167   d) 894

e) 36   f) 20

g) 15   h) 112

19 Welche Felder gehören zusammen?

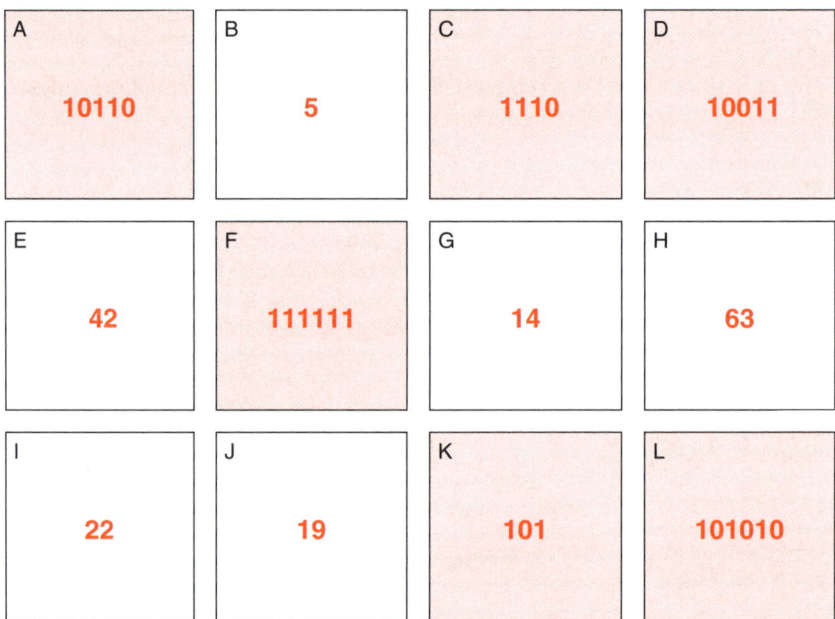

A	B	C	D
10110	5	1110	10011

E	F	G	H
42	111111	14	63

I	J	K	L
22	19	101	101010

5   Das römische Zahlensystem

Die römischen Zahlen von 1 bis 12 kennst du sicher
von Uhren wie dieser.
Das römische Zahlensystem ist **kein Stellenwertsystem**.
Die Zahlen bildet man durch
Aneinanderreihen der folgenden Zeichen:

1	5	10	50	100	500	1 000
I	V	X	L	C	D	M

Dabei gibt es folgende Regeln:

- Von den Zeichen I, X, C, M dürfen **maximal drei gleiche** hintereinander geschrieben werden. Ihre Werte werden **zusammengezählt**. Die Schreibweise
  VV ist nicht möglich.
- Steht ein niederwertiges Zeichen **hinter** einem höherwertigeren Zeichen,
  so werden die Werte **zusammengezählt**.
- Steht nur ein niederwertiges Zeichen **vor** einem höherwertigeren Zeichen,
  so wird der niedrigere Wert vom höheren Wert **abgezogen**. Erlaubt sind dabei
  nur die Kombinationen **I**V, **I**X, **X**L, **X**C, **C**D und **C**M.

Beispiele

1. **II** $= 1 + 1 = 2$
2. MCCVIII $= 1\,000 + 100 + 100 + 5 + 1 + 1 + 1 = 1\,208$
3. **XC**IX $= 100 - 10 + 10 - 1 = 99$

20   Schreibe als römische Zahl.

a) 35   = _____

b) 64   = _____

c) 493   = _____

d) 1 997 = _____

e) 54   = _____

f) 113   = _____

21   Übersetze die römischen Zahlen in Dezimalzahlen.

    a) MCDXXV = _____

    b) DCLXXI = _____

    c) CCLV   = _____

    d) DCXCI   = _____

    e) MDC   = _____

    f) MMCCL   = _____

22   An einem Schloss entdeckt Jakob eine Tafel, auf der steht:

Übersetze die römischen Zahlen im Text in dezimale Zahlen und gestalte die Tafel neu.

> Anno MCDXXXV hat der Fürst Karl (geb. MCCCLXVII, gest. MCDLIV) dieses Gebäude erbauen lassen. Im 30-jährigen Krieg brannte es nieder und wurde erst im Jahre des Herrn MDCCCL wieder aufgebaut.

23   Die Stadt, die heute New York heißt, wurde ursprünglich von Holländern gegründet und New Amsterdam genannt. Wann fand die Stadtgründung statt?

Die vier Grundrechenarten

1 Rechenregeln und -gesetze der Addition und Subtraktion

1.1 Die Addition

Wie viel sind 2 Bonbons und 6 Bonbons?

$$2 \quad + \quad 6 \quad = \quad 8$$
1. Summand plus **2. Summand** gleich **Summenwert**

Summe

Zahlen werden addiert, indem man die Einer mit den Einern, die Zehner mit den Zehnern usw. zusammenzählt.

Beispiel schriftliches Addieren:

```
  1234       Wortlaut:  6 + 4 ist 10, schreibe 0, Übertrag 1
+  456                  1 + 5 + 3 ist 9, schreibe 9
------                  4 + 2 ist 6, schreibe 6
  1690                  0 + 1 ist 1, schreibe 1
```

Kommutativgesetz der Addition (Vertauschungsgesetz)
Der Wert einer Summe ändert sich nicht, wenn die Summanden vertauscht werden:
$a + b = b + a$ für $a, b \in \mathbb{N}_0$

Beispiel $150 + 200 = \mathbf{350}$
$200 + 150 = \mathbf{350}$

Assoziativgesetz der Addition (Verbindungsgesetz)
Der Wert einer Summe ändert sich nicht, wenn Klammern gesetzt oder weggelassen werden:
$a + b + c = a + (b + c) = (a + b) + c$ für a, b, c $\in \mathbb{N}_0$

Beispiel
$$11 + 34 + 45 = 45 + 45 = \textcolor{red}{90}$$
$$11 + (34 + 45) = 11 + 79 = \textcolor{red}{90}$$
$$(11 + 34) + 45 = 45 + 45 = \textcolor{red}{90}$$

Ist einer der beiden Summanden 0, so ist der Summenwert gleich dem Wert des anderen Summanden. Die Zahl **0** ist das **neutrale Element** der Addition.

Beispiel
$$\textcolor{red}{0} + 56 = 56$$

24 Berechne schriftlich.

a) $11\,345 + 456 + 3\,452 + 89$

b) $3\,456 + 918 + 234$

c) $21\,456 + 12\,917$

d) $56 + 113 + 2\,618$

25 Ergänze die freien Felder so, dass die Summe zweier nebeneinander stehender Zahlen jeweils im darüber liegenden Feld steht!

1.2 Die Subtraktion

Wie viel sind 7 Kaugummis weniger 2 Kaugummis?

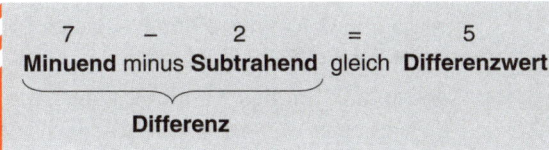

7 – 2 = 5
Minuend minus **Subtrahend** gleich **Differenzwert**

Differenz

Beispiele

1. Schriftliches Subtrahieren (Abziehverfahren mit Entbündeln):

$$
\begin{array}{r}
234 \\
-\ 16 \\
\hline
218
\end{array}
$$

14 – 6
3 – **1** – 1
2 – 0

Lasse nach dem Minuenden Platz zum Entbündeln.

Wortlaut:
- 4 minus 6 geht nicht → **1 entbündeln**
- 14 minus 6 gleich 8 → 8 an
  $(14-6=8)$
- 3 minus 1 minus 1 gleich 1 → 1 an
  $(3-1-1=1)$
- 2 minus 0 gleich 2 → 2 an
  $(2-0=2)$

2. Für den Wandertag hat die Klasse 5 a noch 322 € zur Verfügung.
Die Sommerrodelbahn kostet insgesamt 126 €.
Berechne, wie viel Geld noch in der Klassenkasse bleibt.

Lösung:

$$
\begin{array}{r}
322 \\
-\ 126 \\
\hline
196
\end{array}
$$

12 – 6
12 – **1** – 2
3 – **1** – 1

Lasse nach dem Minuenden Platz zum Entbündeln.

Wortlaut:
- 2 minus 6 geht nicht → **1 entbündeln**
- 12 minus 6 gleich 6 → 6 an
  $(12-6=6)$
- 2 minus 1 minus 2 geht nicht → **1 entbündeln**
- 12 minus 1 minus 2 gleich 9 → 9 an
  $(12-1-2=9)$
- 3 minus 1 minus 1 gleich 1 → 1 an
  $(3-1-1=1)$

Der Klasse bleiben noch 196 € in der Klassenkasse.

3. Du kannst beim Abziehverfahren mit Entbündeln auch mehrere Subtrahenden schriftlich subtrahieren:

$$
\begin{array}{r}
435 \\
{\scriptstyle 1\,1} \\
-\quad 56 \\
-\ 123 \\
-\quad 44 \\
\hline
212
\end{array}
$$

$15-6-3-4$
$13-1-5-2-4$
$4-1-1$

Lasse nach dem Minuenden Platz zum Entbündeln.

Wortlaut:
- 5 minus 6 minus 3 minus 4 geht nicht
  $\rightarrow$ **1 entbündeln**
- 15 minus 6 minus 3 minus 4 gleich 2
  $\rightarrow$ 2 an $(15-6-3-4=2)$
- 3 minus 1 minus 5 minus 2 minus 4
  geht nicht $\rightarrow$ **1 entbündeln**
- 13 minus 1 minus 5 minus 2 minus 4
  gleich 1 $\rightarrow$ 1 an $(13-1-5-2-4=1)$
- 4 minus 1 minus 1 gleich 2 $\rightarrow$ 2 an
  $(4-1-1-2=2)$

Bei der Subtraktion solltest du Folgendes beachten:

> - Es gibt **kein Kommutativgesetz** (Vertauschungsgesetz) der Subtraktion.
>   **a − b ≠ b − a**
>   Der Minuend darf nicht kleiner als der Subtrahend sein!
> - Es gibt kein Assoziativgesetz (Verbindungsgesetz) der Subtraktion.
> $a-b-c \neq a-(b-c) \neq (a-b)-c$
> - Haben Minuend und Subtrahend den gleichen Wert, so ist der Differenzwert gleich **null**.

Beispiele

1. $13-4=$ **9**,
aber: $4-13$ ergibt **keine gültige Lösung**

2. $23-12-4=11-4=$ **7**,
aber: $23-(12-4)=23-8=$ **15**

3. $33-33=$ **0**

Mit folgender Regel wird das Rechnen oft einfacher:

> Eine **Differenz** mit mehreren Subtrahenden kann auch berechnet werden, indem man vom Minuenden die **Summe** der Subtrahenden abzieht.

Beispiel

$$
\begin{aligned}
435-56-123-44 &= 435-(56+123+44) \\
&= 435-223 \\
&= 212
\end{aligned}
$$

26 Berechne schriftlich.

   a) 78 934 – 3 454

   b) 4 562 – 56 – 234

   c) 8 913 – 317 – 12

   d) 218 169 – 19 817

27 Das Ergebnis bei Summation entlang der
Pfeile ist immer die Zahl 100 000
in der Mitte der Zielscheibe.
Berechne die fehlenden
Zahlen durch eine
Subtraktion.

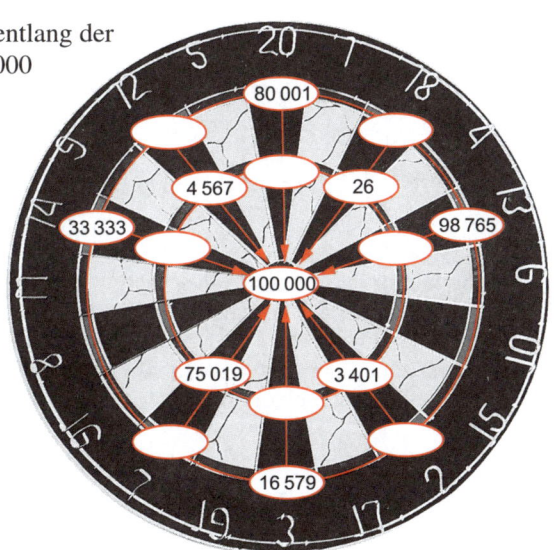

1.3 Verbindung von Addition und Subtraktion

Addition und Subtraktion sind miteinander verwandte Rechenoperationen.
Wie hängen diese zusammen?

> Die Subtraktion ist die Umkehrung der Addition.

Beispiele   **1.** $3 + 5 = 8 \;\Rightarrow\; \begin{cases} 5 = 8 - 3 \\ 3 = 8 - 5 \end{cases}$

           2. $17 - 4 = 13 \;\Rightarrow\; \begin{cases} 17 = 13 + 4 \\ \;\;4 = 17 - 13 \end{cases}$

> **Rechenausdrücke**, die mit Zahlen, Platzhaltern (Variablen), Klammern, Rechen-
> zeichen usw. gebildet werden, heißen **Terme**. Die **zuletzt** ausgeführte Rechenart
> bestimmt die Art des Terms. Beachte immer folgende Regeln:
> 1. Terme ohne Klammern werden **von links nach rechts** berechnet.
> 2. **Klammern** werden **zuerst** berechnet.

Beispiele   **1.** $\underbrace{65 - 23} - 12 - 3$

         $= \underbrace{42 - 12} - 3$

         $= \underbrace{30 - 3}$

         $= \quad 27$

     2. $123 - \underbrace{(65 - 56)}$

         $= \underbrace{123 \; - \; 9}$

         $= \quad 114$

     3. Berechne den Termwert und gib den Namen des Terms an.

     Lösung:

$$[345 + (451 - 78) - 23] + (3\,457 - 2\,245)$$
$$= [345 + 373 - 23] + 1\,212$$
$$= [718 - 23] + 1\,212$$
$$= 695 + 1\,212$$
$$= 1\,907$$

     Der Term ist eine **Summe**.

4. Vermehre die Differenz aus den Zahlen 265 und 96 um die Summe aus den Zahlen 1 835 und 354.
   Stelle den Term auf und berechne die Lösung.

   Lösung:

   $(265-96)+(1\,835+354)$
   $=169+2\,189$
   $=2\,358$

28 Notiere den Term und berechne seinen Wert!

a) Addiere zu 45 die Zahl 356 und subtrahiere 76.

b) Die Summe aus den Zahlen 56, 34 und 342 soll um 213 vermindert werden.

c) Vermindere 45 um 13 und vermehre diese Zahl um die Differenz aus 178 und 45.

d) Vermehre die Differenz der Zahlen 213 und 119 um 53 und vermindere diese Zahl um 93.

e) Subtrahiere 141 von der Summe der Zahlen 4 118 und 353 und addiere zu dieser Zahl die Differenz aus 58 und 12.

29 Du siehst hier einen Teil eines Stadtplans. Damit du die Strecke zurücklegen kannst, musst du an jeder Ampel eine Aufgabe lösen. Die Ampel schaltet dann auf Grün. Ob du richtig gerechnet hast, erkennst du an der Entfernungsangabe zur nächsten Ampel.

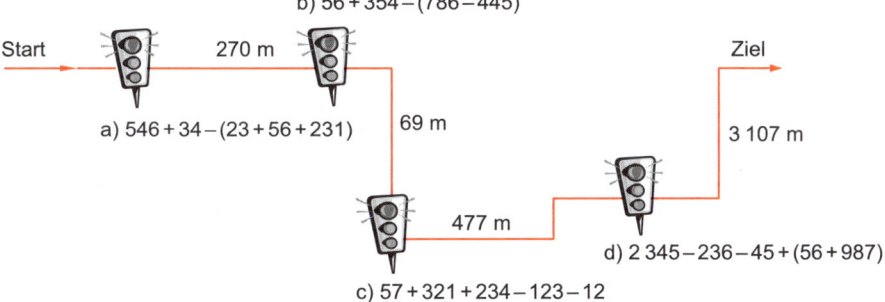

b) $56+354-(786-445)$

Start   270 m   Ziel

a) $546+34-(23+56+231)$ 69 m   3 107 m

477 m

d) $2\,345-236-45+(56+987)$

c) $57+321+234-123-12$

2 Rechengesetze und Regeln der Multiplikation und Division, Potenzen

2.1 Die Multiplikation

Wie viel kosten 5 Hamburger, wenn für das Stück 2 € verlangt werden?

5 · 2 = 10
1. Faktor mal **2. Faktor** gleich **Produktwert**

Produkt

Beispiel

schriftliches Multiplizieren:

$$435 \cdot 12$$
$$\underline{435}$$
$$870 \quad \text{Übertrag}$$
$$\underline{1\ 1}$$
$$5220$$

Wortlaut: 1 mal 5 ist 5, schreibe 5
1 mal 3 ist 3, schreibe 3
1 mal 4 ist 4, schreibe 4
2 mal 5 ist 10, schreibe 0, Übertrag 1
2 mal 3 ist 6, plus 1 ist 7, schreibe 7
2 mal 4 ist 8, schreibe 8
Anschließend folgt das schriftliche Addieren:
0 ist 0, schreibe 0
7 plus 5 ist 12, schreibe 2, Übertrag 1
8 plus 3 plus 1 ist 12, schreibe 2, Übertrag 1
4 plus 1 ist 5, schreibe 5

Bei der Multiplikation musst du folgende Rechengesetze beachten:

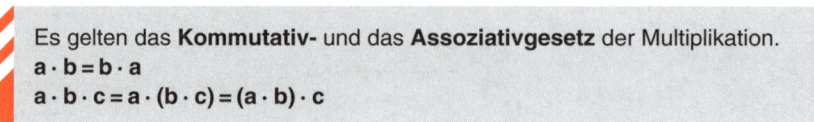

Es gelten das **Kommutativ-** und das **Assoziativgesetz** der Multiplikation.
$a \cdot b = b \cdot a$
$a \cdot b \cdot c = a \cdot (b \cdot c) = (a \cdot b) \cdot c$

Beispiele

1. $2 \cdot 3 = 3 \cdot 2$
2. $4 \cdot 5 \cdot 6 = 4 \cdot (5 \cdot 6) = (4 \cdot 5) \cdot 6$

- Hat einer der beiden Faktoren den Wert **1**, so ist der Produktwert gleich dem Wert des anderen Faktors. Die Zahl 1 ist das **neutrale Element der Multiplikation**.
- Ist einer der Faktoren eines Produktes **0**, so ist der Wert des Produktes gleich 0.
- Wird eine natürliche Zahl mit einer **Stufenzahl** multipliziert, hängt man an die natürliche Zahl so viele Nullen an, wie die Stufenzahl hat.

spiele

1. $23 \cdot 1 = 23$

2. $3 \cdot 34 \cdot 0 = 0$

3. $1\,765 \cdot 100 = 176\,500$

30 Berechne schriftlich.

a) $3\,456 \cdot 23$

b) $34 \cdot 124$

c) $12 \cdot 12 \cdot 100$

d) $123 \cdot 1\,230$

e) $123 \cdot 223$

f) $4\,385 \cdot 531$

2.2 Die Division

35 Murmeln sollen auf 5 Mitspieler aufgeteilt werden. Wie viele Murmeln bekommt jeder?

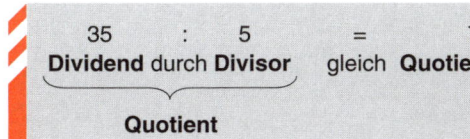

35   :   5   =   7

Dividend durch **Divisor**   gleich **Quotientenwert**

Quotient

eispiel

schriftliches Dividieren:

$345 : 7 = 49\,\text{R}\,2$ Wortlaut: 3 : 7 geht nicht

$\underline{28}$ 34 : 7 ist 4, $4 \cdot 7$ ist 28

  65   Rest 6, ziehe die 5 herunter

  $\underline{63}$ 65 : 7 ist 9, $9 \cdot 7$ ist 63, Rest 2

   2

Probe: $49 \cdot 7 = 343$; $343 + 2 = 345$

Bei der Division musst du Folgendes beachten:

Es gibt **kein Kommutativgesetz** der Division und **kein Assoziativgesetz** der Division.

$a : b \neq b : a$

$a : b : c \neq a : (b : c) \neq (a : b) : c$

Beispiel

$(40 : 2) : 2 = 10$
$40 : (2 : 2) = 40$

- Die **Division durch 0** ist **nicht** erlaubt!
- Wenn der Dividend gleich **0** und der Divisor ungleich 0 ist, dann ist der Quotientenwert **0**.
- Wenn der Divisor **1** ist, dann ist der Quotientenwert gleich dem Dividenden.
- Wenn der Dividend und der Divisor den **gleichen Wert** besitzen, dann ist der Quotientenwert gleich 1.
- Am Wert des Quotienten wird nichts verändert, wenn man den Dividenden um die gleiche Anzahl von **Nullen verkürzt** wie den Divisor.

Beispiele

1. $17 : 0$ ist nicht erlaubt!

2. $0 : 67 = 0$

3. $423 : 1 = 423$

4. $98 : 98 = 1$

5. $560\,000 : 700 = 5\,600 : 7 = 800$
   Probe: $800 \cdot 700 = 560\,000$

31 Berechne schriftlich.

a) $192 : 12$

b) $789 : 4$

c) $5\,535 : 123$

d) $150 : 10 : 5$

e) $3\,276 : 12$

f) $825 : 25 : 11$

2.3 Verbindung von Multiplikation und Division

Multiplikation und Division hängen genauso zusammen wie Addition und Subtraktion.

Die Division ist die Umkehrung der Multiplikation.

spiele

1. $4 \cdot 6 = 24 \Rightarrow \begin{cases} 6 = 24 : 4 \\ 4 = 24 : 6 \end{cases}$

2. $21 : 7 = 3 \Rightarrow \begin{cases} 21 = 3 \cdot 7 \\ 7 = 21 : 3 \end{cases}$

3. $(12 \cdot 100) \cdot 4 : (15 \cdot 4) = 1\,200 \cdot 4 : 60$
$$= 4\,800 : 60$$
$$= 80$$

4. Dividiere das Produkt aus den Zahlen 55 und 20 durch den Quotienten der Zahlen 100 und 25.

Lösung:
$(55 \cdot 20) : (100 : 25)$
$= 1\,100 : 4$
$= 275$

32 Berechne den Termwert.

a) $(12 \cdot 10) : 4$ = _____

b) $(23 \cdot 5) : (25 : 5)$ = _____

c) $(16 \cdot 16) \cdot (100 : 5)$ = _____

d) $20 \cdot 6 : 10$ = _____

e) $(13 \cdot 13) \cdot (11 \cdot 11)$ = _____

f) $(19 \cdot 5) : (40 : 8)$ = _____

33 Notiere den Term und berechne seinen Wert.

a)

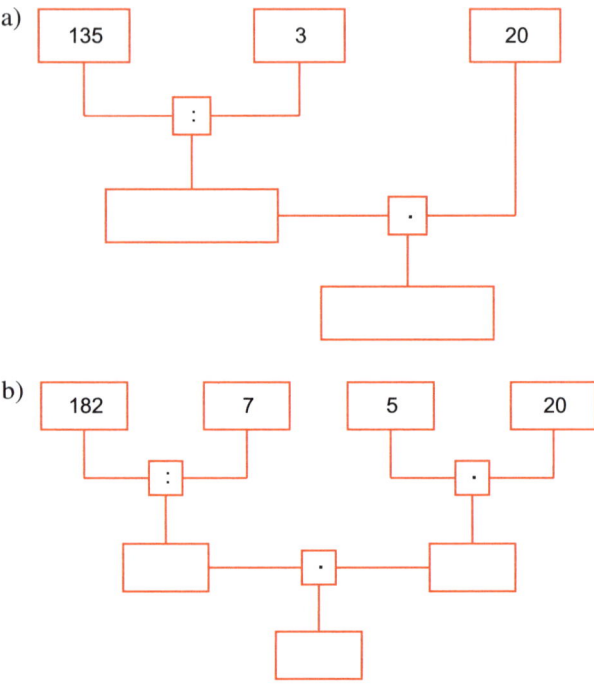

b)

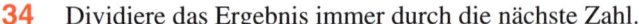

c) Dividiere das Produkt aus 40 und 20 durch das Produkt aus 25 und 4.

d) Der Quotient aus den Zahlen 125 und 5 soll mit dem Quotienten aus den Zahlen 200 und 5 multipliziert werden.

e) Die Zahl 13 soll mit 150 multipliziert und dann durch 5 dividiert werden.

f) Das Produkt aus 230 und 12 soll durch 6 dividiert werden.

34 Dividiere das Ergebnis immer durch die nächste Zahl.

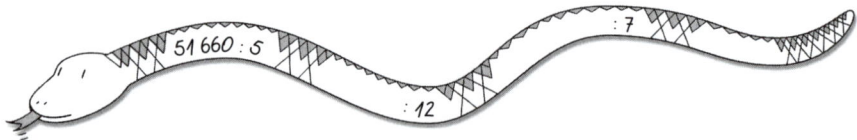

2.4 Potenzen

Die **Potenzschreibweise** ist die **verkürzte Schreibweise eines aus gleichen Faktoren bestehenden Produktes**.
$5 \cdot 5 \cdot 5 \cdot 5 = 5^4$

Es gilt: $a^n = c$

Basis   Exponent (Hochzahl)   Potenzwert

a^n heißt **Potenz**.
Der Exponent gibt an, wie oft die Basis mit sich selbst multipliziert werden muss.
$a^0 = 1$ mit $a \in \mathbb{N}$

ispiele

1. $3^4 = 3 \cdot 3 \cdot 3 \cdot 3 = 81$

2. $4^3 = 4 \cdot 4 \cdot 4 = 64$

3. $10^5 = 10 \cdot 10 \cdot 10 \cdot 10 \cdot 10 = 100\,000$

4. $2^4 + 3^2 = 2 \cdot 2 \cdot 2 \cdot 2 + 3 \cdot 3 = 16 + 9 = 25$

5. $4^2 : 2^3 = (4 \cdot 4) : (2 \cdot 2 \cdot 2) = 16 : 8 = 2$

Manche Potenzen sind besonders wichtig und haben deshalb einen eigenen Namen.

10^{22} ist eine **Zehnerpotenz**. Die Zehnerpotenz besitzt so viele Nullen, wie der Exponent angibt. Lies: „10 hoch 22"

eispiel

Unsere Milchstraße besitzt ungefähr 100 000 000 000 Sterne. Darüber hinaus gibt es noch an die 100 000 000 000 andere Galaxien mit vielleicht ebenso vielen Sternen. Wie viele Sterne sind das?

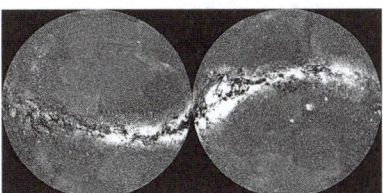

Lösung:
Die beiden Zahlen müssen miteinander multipliziert werden:
100 000 000 000 · 100 000 000 000 = 10 000 000 000 000 000 000 000 Sterne
Kürzer: 10 000 000 000 000 000 000 000 = 10^{22}

Potenzen mit der Hochzahl 2 heißen **Quadratzahlen**.
3^2, sprich: „Drei hoch zwei" oder „Drei Quadrat"

Beispiel

Aus wie vielen kleinen Quadraten besteht jeweils das große Quadrat?

 $\qquad 1 \cdot 1 = 1^2 = 1$

 $\qquad 2 \cdot 2 = 2^2 = 4$

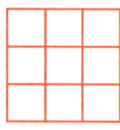 $\qquad 3 \cdot 3 = 3^2 = 9$

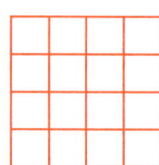 $\qquad 4 \cdot 4 = 4^2 = 16$

Quadratzahlen von 1 bis 20:

1^2	2^2	3^2	4^2	5^2	6^2	7^2	8^2	9^2	10^2
1	4	9	16	25	36	49	64	81	100

11^2	12^2	13^2	14^2	15^2	16^2	17^2	18^2	19^2	20^2
121	144	169	196	225	256	289	324	361	400

35 Schreibe zuerst als Produkt und berechne dann den Termwert.

a) 2^4 b) 3^3

c) 4^5 d) 5^3

36 Berechne den Termwert.

a) $2^3 : 2^2$ b) $4^3 \cdot 3^2$

c) $(2^2 + 5^3) \cdot 10^3$ d) $(34^0 + 23^1) : 2$

e) $3^3 + 3^2 - 3^0$ f) $2^4 \cdot (4^3 + 4^2)$

3 Die Verbindung der vier Grundrechenarten

3.1 Gliederung von Termen

Ein paar Rechenregeln hast du bereits kennengelernt. Jetzt kommen noch welche hinzu, die du dir gut merken musst.

- **Klammern** werden **zuerst** berechnet.
- Ineinander geschachtelte Klammern werden von **innen nach außen** berechnet.
- Es gilt **Punktrechnung** (Multiplikation, Division) **vor Strichrechnung** (Addition, Subtraktion).
- Den **Namen** des Terms bestimmt die zuletzt ausgeführte Rechenart.
- Was gerade **nicht berechnet** wird, wird **unverändert** notiert!

Beispiel

Berechne $254 + [456 - (56 + 6 \cdot 40)] \cdot (56 - 46)$ und bestimme die Art des Terms.

Lösung:

Schritt	Rechnung
1. Berechne zuerst die **runden Klammern**. Achte dabei auf die Regel „**Punkt- vor Strich-rechnung**".	$254 + [456 - (56 + 6 \cdot 40)] \cdot (56 - 46)$ $= 254 + [456 - (56 + 240)] \cdot 10$ $= 254 + [456 - 296] \cdot 10$
2. Berechne nun die **eckigen Klammern**.	$= 254 + 160 \cdot 10$
3. Jetzt musst du den Termwert unter Beachtung der Rechen-gesetze **von links nach rechts** berechnen.	$= 254 + 1\,600$ $= 1\,854$
4. Gib die Art des Terms (die zuletzt ausgeführte Rechenart) an.	Bei dem Term handelt es sich um eine **Addition**.

37 Berechne den Termwert.

a) $234 - [34 + (12 \cdot 15)]$

b) $[3\,456 + 1\,234 - (340 + 350)] : 40$

c) $3^4 + 50 \cdot (160 : 2^2)$

d) $[(2\,340 + 1\,160) : (5^2 \cdot 4)] : 7$

e) $6\,357 + 21\,377 \cdot 2 - 3\,224 \cdot 4$

f) $12 \cdot (48 + 52) + 8\,000 : (1\,112 - 112)$

3.2 Das Distributivgesetz

Komplizierte Rechnungen kannst du manchmal vereinfachen, wenn du „mit Köpfchen" rechnest und folgende Regeln anwendest:

Um vorteilhaft zu rechnen, verwendet man oft das **Distributivgesetz**.
Es gilt:

1. $(a+b) \cdot c = a \cdot c + b \cdot c$ für $a, b, c \in \mathbb{N}_0$
2. $(a-b) \cdot c = a \cdot c - b \cdot c$ für $a, b, c \in \mathbb{N}_0$; $a \geq b$
3. $(a+b) : c = a : c + b : c$ für $a, b \in \mathbb{N}_0$; $c \in \mathbb{N}$
4. $(a-b) : c = a : c - b : c$ für $a, b \in \mathbb{N}_0$; $c \in \mathbb{N}$; $a \geq b$

Beispiele

1. $24 \cdot 6 = (20+4) \cdot 6 = 20 \cdot 6 + 4 \cdot 6 = 120 + 24 = 144$

2. $6 \cdot 98 = 98 \cdot 6 = (100-2) \cdot 6 = 100 \cdot 6 - 2 \cdot 6 = 600 - 12 = 588$

3. $104 : 4 = (100+4) : 4 = 100 : 4 + 4 : 4 = 25 + 1 = 26$

4. $291 : 3 = (300-9) : 3 = 300 : 3 - 9 : 3 = 100 - 3 = 97$

38 Rechne vorteilhaft unter Verwendung des Distributivgesetzes.

a) $102 \cdot 14$ b) $97 \cdot 9$

c) $294 : 3$ d) $396 : 4$

e) $98 \cdot 7$ f) $603 : 3$

39 Notiere den Term und berechne seinen Wert.

a) Vermehre das Produkt aus 65 und 5 um das Doppelte der Summe von 32 und 18.

b) Dividiere die Differenz aus den Zahlen 78 und 18 durch 20 und addiere das Produkt aus 123 und 7.

c) Vermindere das Fünffache des Produkts aus den Zahlen 31 und 9 um 15 und multipliziere diese Zahl mit dem Quotienten aus 1 125 und 25.

d) Das Produkt aus den Zahlen 210 und 15 soll von 5 000 subtrahiert werden und anschließend soll die Differenz um 3 238 vermehrt werden.

Vermischte Aufgaben

40 Ergänze die Rechenbäume.

a)
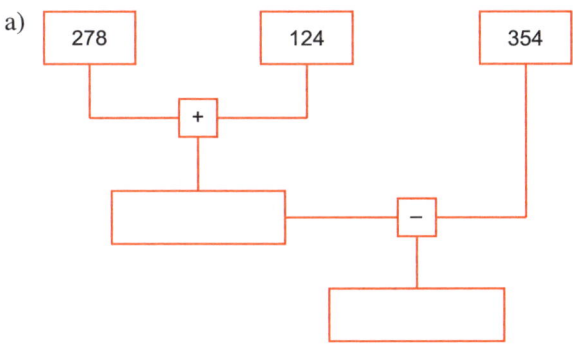

b)
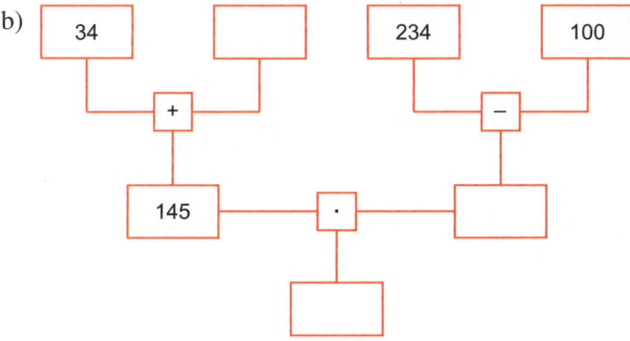

c)
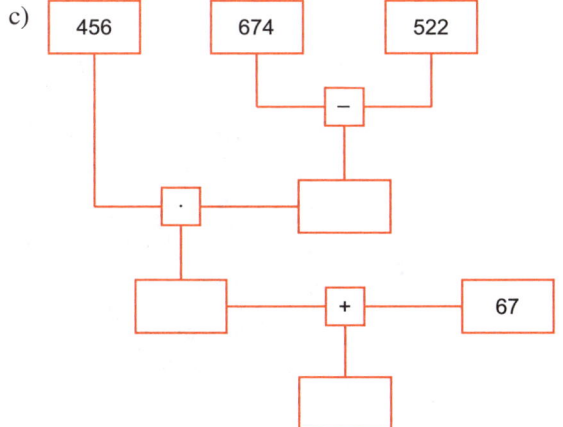

41 Notiere den Term und berechne seinen Wert.

a) Dividiere das Doppelte der Summe von 35 und 40 durch die Differenz von 213 und 198.

b) Vermehre das Produkt aus den Zahlen 84 und 4 um den Quotienten von 92 und 23.

42 Berechne und finde den Lösungssatz.

a) $345 + 23 + 645 - 179$ 785 (H); 834 (Ü)

b) $543 - (34 \cdot 5 + 67) + 56$ 362 (B); 387 (F)

c) $[456 + 30 \cdot (789 - 289)] + 892$ 1 634 (D); 16 348 (E)

d) $455 : 5 + 567 - (56 : 8)$ 783 (K); 651 (N)

e) $(3\,456 - 738) + (3\,546 - 352)$ 5 912 (I); 5 432 (G)

f) $45 \cdot 4 + 65 - 7 \cdot 12 + 534 - 354$ 341 (S); 342 (L)

g) $[(123 : 3 - 11) : (103 - 93)]$ 33 (U); 3 (T)

h) $413 - 267 + 32 \cdot 7 - (34 + 56 - 13)$ 314 (R); 293 (S)

i) $(354 + 6\,271) - [524 + (156 \cdot 4)]$ 5 342 (J); 5 477 (T)

j) $36 : 6 + 72 : (54 - 45)$ 14 (A); 15 (E)

k) $8\,945 - 536 - 463 - 67$ 7 654 (Z); 7 879 (R)

l) $[5 + 65 \cdot 3 \cdot 2 - 89 + (34 : 2)] \cdot 2$ 646 (K); 746 (P)

Lösungssatz:

43 Um heiße Getränke zu süßen, benutzt man Süßstofftabletten. In einem Behälter sind **650** Stück.
Wie viele Behälter benötigt der Hersteller für **91 000** dieser Süßstofftabletten?

44 In einem Aufforstungsgebiet sollen **1 200** Bäume am Tag gepflanzt werden. Eine Arbeiterin pflanzt täglich **40** Bäume.
Berechne, wie viele Arbeiterinnen und Arbeiter gebraucht werden und wie viele Bäume auf diese Weise innerhalb von **14** Tagen gepflanzt werden können.

45 Alle zwei Minuten landet auf dem Flughafen ein Flugzeug.
Wie viele Flugzeuge landen innerhalb von 8 Stunden?

46 Eine Kugelschreiberfabrik produziert 57 600 Kugelschreiber pro Schicht. In einer
Kiste werden 45 Kugelschreiber verpackt.
Wie viele Kisten werden je Schicht gefüllt?

47 Wenn eine Buchseite vollständig beschrieben ist, findet man auf dieser
2 356 Zeichen.
Wie viele Zeichen befinden sich auf 143 Seiten?

48 Die acht Planeten unseres Sonnensystems haben, ohne Ringsysteme, insgesamt
167 Monde.
Der Merkur und die Venus haben keinen Mond.
Die Erde hat 1 Mond,
der Mars 2 Monde,
der Jupiter 63 Monde,
der Saturn 61 Monde und
der Uranus 27 Monde.
Wie viele Monde hat Neptun?

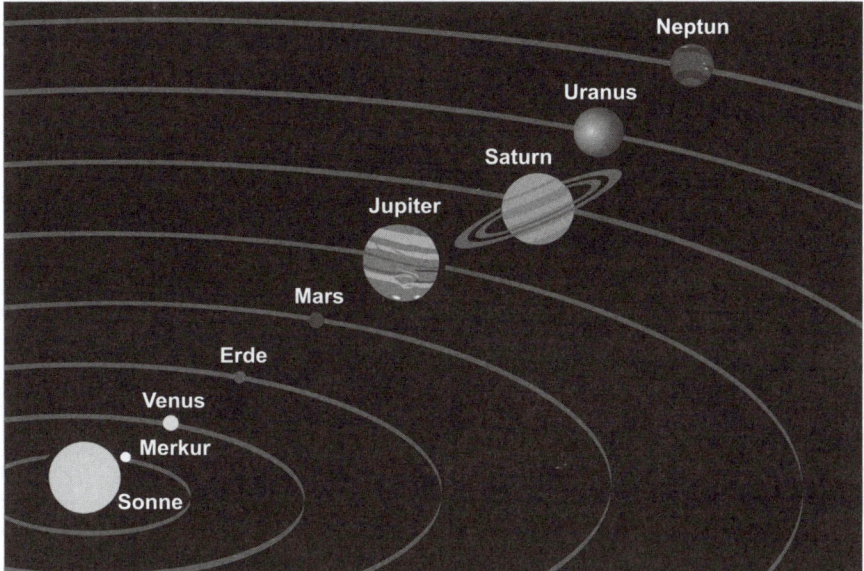

49 Fischzüchter Knut möchte dieses Jahr 50 000 Forellen aufziehen.

    a) Wie viele Forellen bleiben Knut, wenn er mit 1 550 verkauften Forellen jede 2. Woche rechnet? (Er geht von einem Geschäftsjahr, also von 50 Wochen aus.)

    b) Die übrig gebliebenen Forellen werden geräuchert. Für das Stück verlangt Knut später 10 €.
Welchen Umsatz hat Knut mit dem geräucherten Fisch, wenn er alle verkauft?

50 Von einem Bahnhof fahren täglich 60 Züge ab.

    a) Wie viele Züge verlassen wöchentlich den Bahnhof?

    b) Wie viele Menüs müssen monatlich (4 Wochen) für ICE-Reisende angefertigt werden, wenn jeder fünfte Zug ein ICE ist, durchschnittlich 145 Personen mitfahren und für jeden Passagier ein Essen gerechnet wird?

4 Kombinieren und Zählen

Beim Anordnen oder Zusammenstellen von verschiedenen Dingen gibt es in der Regel zahlreiche **Kombinationsmöglichkeiten**. Um sich einen Überblick über alle Möglichkeiten zu verschaffen und dabei nicht die Übersicht zu verlieren, ist es ratsam, systematisch vorzugehen.

Zur Darstellung aller Möglichkeiten, die drei Buchstaben A, B und C anzuordnen, bieten sich zwei Vorgehensweisen an:

- Die Möglichkeiten werden durch **systematisches Auflisten** bestimmt.
  - Zunächst wird für die 1. Position ein Buchstabe festgelegt (z. B. A), dann für die 2. Position (z. B. B), sodass für die 3. Position nur C bleibt.
  - Während A für die 1. Position bleibt, wird für die 2. und 3. Position die verbleibende Möglichkeit gewählt: C und B.
  - Dann wird für die 1. Position ein anderer Buchstabe festgelegt (z. B. B) usw.:

1. Position	A	A	B	B	C	C
2. Position	B	C	A	C	A	B
3. Position	C	B	C	A	B	A
Möglichkeit	1	2	3	4	5	6

- Die Möglichkeiten lassen sich auch mit einem Baumdiagramm darstellen. Dabei steht jede Stufe des Baumdiagramms für eine Position:

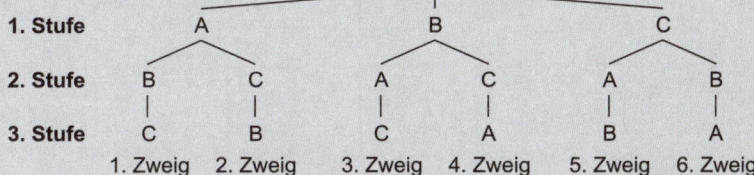

Dieses Baumdiagramm besteht aus **3 Stufen**, an denen es sich verzweigt, erst 3-mal, dann je 2-mal, dann je 1-mal. Jeder Zweig des Baumdiagramms steht für eine Möglichkeit. Es gibt **6 Zweige**, also 6 Möglichkeiten.

Beispiel   Deine Mutter möchte 3 Tierbilder an die
             Wand hängen. Sie probiert, welche Bil-
             der gut untereinander passen würden.
             Wie viele Möglichkeiten gibt es dabei?

Lösung:
Auflistung aller Kombinationsmöglichkeiten:

oder:

Baumdiagramm:

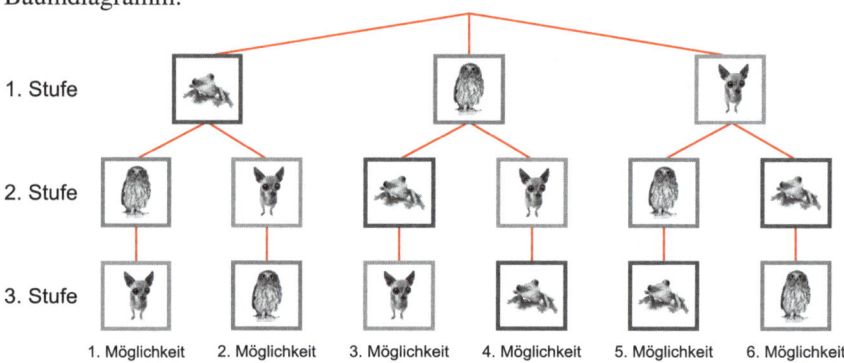

Auf die oben beschriebene Art lassen sich alle Kombinationsmöglichkeiten übersichtlich darstellen. Doch wenn es nur darum geht, die **Anzahl** aller möglichen
Kombinationen zu bestimmen, geht es rechnerisch schneller.

Aufgaben nach dem folgenden Muster
• Es ist nach der Gesamtzahl der Möglichkeiten gefragt.
• Es sind Positionen in einer festen Reihenfolge festzulegen.
• Es gibt für jede Position eine feste Zahl von Möglichkeiten.
lassen sich alle mithilfe des **Zählprinzips** lösen.

> **Zählprinzip**
> Die Gesamtzahl der Möglichkeiten erhält man, indem man die Möglichkeiten für jede Position miteinander **multipliziert.**
>
> Bei Baumdiagrammen lautet das Zählprinzip:
> Die Gesamtzahl der Möglichkeiten erhält man, indem man die Möglichkeiten für jede Stufe miteinander multipliziert.
> (Die Gesamtzahl entspricht der Anzahl der Zweige des Baumdiagramms.)

Beispiel   Schreibt man für die Bilder die Anfangsbuchstaben der Tiere (F = Frosch, E = Eule, H = Hund) erhält man für das obige Beispiel dieses Baumdiagramm:

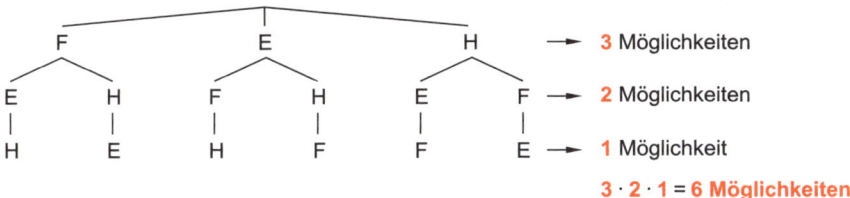

Die Anzahl aller Möglichkeiten erhältst du mithilfe des **Zählprinzips**:
- Für das obere Bild gibt es 3 Möglichkeiten.
- Für jede der 3 Möglichkeiten gibt es danach noch 2 weitere Möglichkeiten.
- Für das untere Bild bleibt nur 1 Möglichkeit.

Also gibt es insgesamt $3 \cdot 2 \cdot 1 = 6$ Möglichkeiten.

51   Im Elektronikmarkt gibt es MP3-Player mit 32 GB und 16 GB. Angeboten werden sie in den Farben Rot, Grün und Gelb. Im Preis enthalten sind wahlweise In-Ear-Kopfhörer oder On-Ear-Kopfhörer.

a) Stelle im Baumdiagramm alle möglichen Konfigurationen für die MP3-Player dar und gib die Anzahl der Möglichkeiten an.

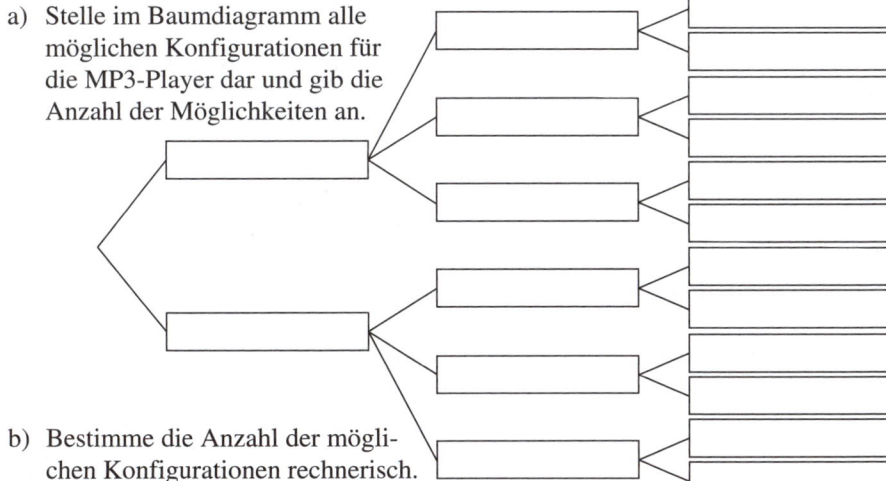

b) Bestimme die Anzahl der möglichen Konfigurationen rechnerisch.

52 Wie viele Möglichkeiten gibt es, die Ziffern der Zahl 124 zu kombinieren? Überprüfe, ob der Summenwert aller möglichen Zahlen 1 554 ist.

53 Christopher will am Dienstag auf das Dokumentarfilmfestival gehen. Der Spielplan für diesen Tag sieht folgende Dokumentationen vor:

ZEIT	MUSIK	TIERE	REISE	GESCHICHTE
13:00	Die Jugend im Technowahn	Das Leben eines Gorillas		
17:00	Pepe – Ein Mann und seine Gitarre	Die Unterwasserwelt der Seepferdchen	Unterwegs in Indochina	Die Verbrechen des Krieges
20:00	Wer ist Mister Slowhand?	Wildpferde	Auf den Spuren der Mayas	

DOKUMENTARFILMFESTIVAL

a) Wie viele Möglichkeiten hat Christopher, an diesem Tag drei Filme zu sehen? Berechne deren Anzahl.

b) Wie viele Filmkombinationen bleiben Christopher, wenn er keine Reisedokumentationen mag? Veranschauliche die Möglichkeiten in einem Baumdiagramm und gib alle Abfolgen von Filmen an, in der die Tierdokumentation „Wildpferde" vorkommt.

54 Auf einem MP3-Player sind 5 Lieder gespeichert. Wie viele mögliche Reihenfolgen gibt es, diese 5 Lieder abzuspielen, wenn der MP3-Player auf RANDOM bzw. SHUFFLE steht? (Ein gespieltes Lied kann nicht noch einmal abgespielt werden.)

55 Du hast einen grünen, einen roten und einen gelben Legostein. Wie viele verschiedene Türme können aus den drei Legosteinen gebaut werden? Wie viele verschiedene Türme kannst du bauen, wenn du noch einen blauen Legostein dazunimmst?

56 Wie viele verschiedene Outfits lassen sich aus 5 Hosen, 4 T-Shirts und 2 Schuhen zusammenstellen?

57 Der Aktenkoffer deines Vaters hat ein
Zahlenschloss mit drei drehbaren Metall-
scheiben mit den Ziffern 0; 1; 2 … 9.
Wie viele Einstellmöglichkeiten hat dein
Vater?

58 Max möchte zu seinem Geburtstag eine
Flagge mit drei verschiedenfarbigen
Streifen entwerfen und vor seinem Haus
aufhängen. Er hat 5 Farben zur Verfügung.
Wie viele verschiedene Flaggen könnte er gestalten?

59 Wie viele 4-stellige Zahlen mit den Ziffern ⒉ ⒊ ⒋ ⒍ lassen sich bilden?

a) Schreibe einen Weg auf, wie man die Anzahl der möglichen Zahlen schnell
herausfindet.

b) Wie viele dieser Zahlen sind durch 2 teilbar?
Schreibe die Zahlen auf.

Ganze Zahlen

1 Erweiterung des Zahlenbereichs $\mathbb{N}_0$

Wie du bereits weißt, werden natürliche Zahlen am Zahlenstrahl durch Bildpunkte oder Zahlenpfeile dargestellt.

Bei der **Addition einer positiven Zahl**
bewegt man sich auf dem Zahlenstrahl
nach rechts, d. h. das Ergebnis wird größer.
Bei der Subtraktion einer positiven Zahl
bzw. bei der **Addition einer negativen
Zahl** bewegt man sich auf dem Zahlenstrahl
nach links, d. h. das Ergebnis wird kleiner.

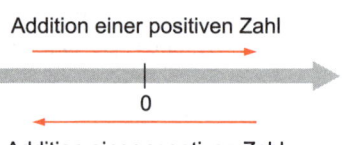

Addition einer positiven Zahl

0

Addition einer negativen Zahl

Bewegt man sich auf dem Zahlenstrahl über die Zahl 0 hinaus nach links, ver-
lässt man die Menge der natürlichen Zahlen $\mathbb{N}_0 = \{0; 1; 2; 3; \ldots\}$ und landet bei
den **negativen Zahlen**. Der nach links fortgesetzte Zahlenstrahl wird zur **Zahlengeraden**, die sich in beide Richtungen unendlich weit erstreckt.
Die negativen Zahlen bilden zusammen mit der Zahl 0 und den positiven Zahlen
die Menge der ganzen Zahlen $\mathbb{Z} = \{\ldots; -3; -2; -1; 0; 1; 2; 3; \ldots\}$.

Die Zahl $-a$ ist die **Gegenzahl** zur Zahl a und umgekehrt. Zur Zahl $-a$ gehört ein
nach links gerichteter Zahlenpfeil, der Gegenpfeil zur Zahl a.

- Zahlen, deren Zahlenpfeile nach links gerichtet sind, bezeichnet man als
  negative Zahlen. **Negative Zahlen** haben als Vorzeichen ein „–".
- Zahlen, deren Zahlenpfeile nach rechts gerichtet sind, bezeichnet man als
  positive Zahlen. **Positive Zahlen** haben als Vorzeichen ein „+".

Beispiel

Stelle die Zahl 3 und ihre Gegenzahl an der Zahlengeraden dar.

Lösung:

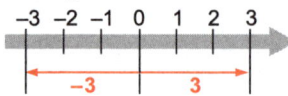

Die Gegenzahl zur Zahl 3 ist die Zahl –3.

Die Menge der ganzen Zahlen **Z** enthält alle natürlichen Zahlen, ihre Gegenzahlen und die Zahl 0.

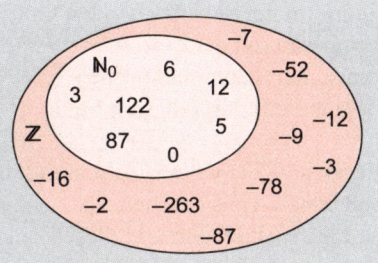

Dargestellt wird **Z** an der Zahlengeraden.

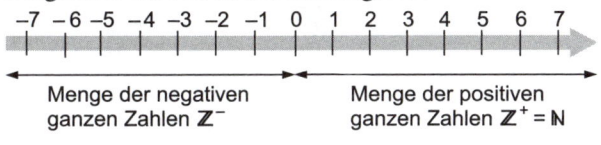

Menge der negativen ganzen Zahlen **Z**⁻

Menge der positiven ganzen Zahlen **Z**⁺ = **N**

Menge der ganzen Zahlen Z

Beispiele

1. Schreibe mit entsprechenden Vorzeichen.

a) 12 Grad unter null
b) 60 € Schulden
c) 15 Grad warm
d) 150 € Vermögen

Lösung:

a) $-12\,°C$
b) $-60\,€$
c) $+15\,°C$
d) $+150\,€$

2. Gib Vorgänger und Nachfolger der Zahl an.

a) -3
b) $+4$
c) 0

Lösung:

a) -4 und -2
b) $+3$ und $+5$
c) -1 und $+1$

Der Vorgänger einer Zahl steht auf der Zahlengeraden links neben ihr, der Nachfolger steht auf der Zahlengeraden rechts neben ihr.

60 Zeichne eine Zahlengerade und markiere darauf die Bildpunkte zu den Zahlen $-12, +2, -6, -2$ und $+5$.
Schreibe dann die ganzen Zahlen auf, die zwischen -6 und $+5$ liegen.

61 Ordne die Zahlen von groß nach klein.

a) $-15, +3, -7, +15, +11, 0, -2$
b) $-125, +78, -25, +17, +225, -18$

62 Entnimm der nebenstehenden Grafik die Temperaturen der einzelnen nordamerikanischen Städte und ordne sie. Beginne mit der kältesten Stadt.

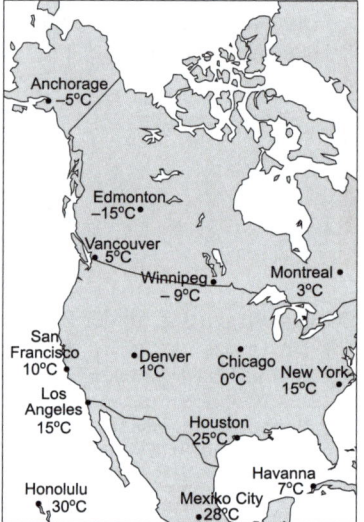

63 Vergleiche die beiden Zahlen miteinander und benutze das Zeichen > oder <. Ordne anschließend alle diese Zahlen der Größe nach, beginne mit der kleinsten Zahl.

a) −4 und −6

b) −11 und 0

c) +237 und −45

d) −71 und +70

e) +13 und −14

f) −300 und +250

64 Gib den Vorgänger und den Nachfolger der Zahl an.

a) −56   b) +12

c) −6   d) −111

e) 0   f) −1

65 Die Siedetemperatur von Wasser beträgt 100 °C. Bei der Siedetemperatur ändert sich der Aggregatzustand eines Stoffes von flüssig zu gasförmig. Unterhalb der Siedetemperatur wird ein gasförmiger Stoff wieder flüssig. Hier siehst du die Siedetemperaturen einiger gasförmiger Stoffe:

Stoff	Siedetemperatur
Chlor	−34 °C
Helium	−269 °C
Kohlenstoffdioxid	−79 °C
Luft	−193 °C
Sauerstoff	−183 °C
Stickstoff	−196 °C
Wasserstoff	−253 °C

a) Ordne die Stoffe nach ihren Siedetemperaturen, beginne mit der niedrigsten Siedetemperatur.

b) Ethylen hat eine Siedetemperatur von –104 °C.
Zwischen den Siedetemperaturen welcher beiden Stoffe liegt seine Siedetemperatur?

c) Welche dieser Stoffe können mit flüssigem Stickstoff verflüssigt werden? (Welche Stoffe werden schneller flüssig als Stickstoff?) Erläutere.

66 Der Elektrikermeister Schulz geht die Abrechnungen seiner Kunden der letzten Woche durch. Er erstellt folgende Übersicht:

Kunde	zu viel überwiesen	Schulden
Müller	50 €	
Mayer		120 €
Lehmann		460 €
Schmidt		610 €
Schröder	20 €	

a) Schreibe die Geldbeträge mit entsprechenden Vorzeichen.

b) Welchen Geldbetrag hat Herr Schulz noch zu bekommen, wie viel Geld wurde zu viel überwiesen?

c) Reicht das ausstehende Geld, damit Herr Schulz Kabel im Wert von 1 100 € bestellen kann?

67 Die Atmosphäre setzt sich aus verschiedenen Luftschichten zusammen, in denen sich das Wetter, der Funkverkehr und vieles andere abspielt.

Das nebenstehende Diagramm zeigt die Temperaturen, die ungefähr in Bereichen der einzelnen Schichten der Atmosphäre herrschen.

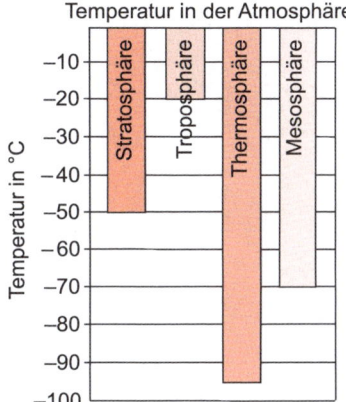

Temperatur in der Atmosphäre

a) Lies ab, welche Temperatur in den einzelnen Schichten der Atmosphäre herrscht.

b) Welcher Temperaturunterschied herrscht zwischen dem Bereich der Troposphäre und dem Bereich der Thermosphäre?

c) Ordne die Bereiche der einzelnen Schichten der Atmosphäre, beginne mit der wärmsten Schicht.

2 Absoluter Betrag

Welcher Zahlenpfeil ist länger, der von -3 oder der von 3?

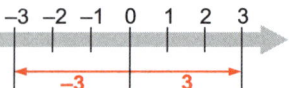

> Man nennt die Maßzahl der Länge eines Zahlenpfeils den **absoluten Betrag** der entsprechenden Zahl. Zahl und Gegenzahl haben stets den gleichen Betrag.
> Schreibweise: $|a|$
> Sprechweise: „Betrag von a"

Beispiele

1. $|-7| = 7$

Der Betrag ist die Länge des Zahlenpfeils der Zahl. Eine Länge ist nie negativ. Deshalb ist auch der Betrag nie negativ.

2. $|0| = 0$

Der Zahlenpfeil der Zahl 0 hat die Länge 0.

3. $|11| = 11$

68 Berechne.

a) $|-4| + 5$

b) $|-17| - 8$

c) $8 + |-11| - 9$

d) $12 + |-28| - 4 - |8|$

e) $4 + |-9| + |-35| - 17$

f) $|54| - |-14| + 2 + |-6|$

3 Rechenregeln und -gesetze der Addition und Subtraktion bei ganzen Zahlen

Im Zahlenbereich der ganzen Zahlen gelten folgende Regeln und Gesetze.

Addition ganzer Zahlen mit gleichem Vorzeichen:
- Als Erstes werden die Beträge der ganzen Zahlen addiert.
- Das Vorzeichen des Ergebnisses ist das gemeinsame Vorzeichen der Summanden.

Es gilt für **a, b ≥ 0:** $(+a) + (+b) = +(a + b)$ $(-a) + (-b) = -(a + b)$

Beispiele

1. $(+3) + (+7)$

Lösung:
$(+3) + (+7) = +(3 + 7) = 10$

Addiere die Beträge der Summanden.
$3 + 7 = 10$. Beide Summanden haben positives Vorzeichen, setze als Vorzeichen also +.

Darstellung an der Zahlengeraden:

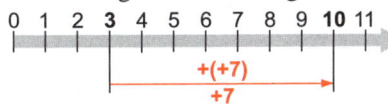

Du kannst die Aufgabe natürlich auch an der Zahlengeraden lösen.

Die Addition von +7 entspricht dem Anhängen des nach rechts gerichteten Zahlenpfeils von +7. Gehe also von 3 aus 7 Schritte nach rechts und du landest bei 10.

2. $(-4) + (-3)$

Lösung:
$(-4) + (-3) = -(4 + 3) = -7$

$4 + 3 = 7$. Als Vorzeichen setze –, da beide Summanden negatives Vorzeichen haben.

Darstellung an der Zahlengeraden:

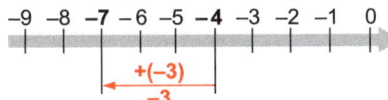

Die Addition von –3 entspricht dem Anhängen des nach links gerichteten Zahlenpfeils von –3. Gehe also von –4 aus 3 Schritte nach links und du landest bei –7.

Addition ganzer Zahlen mit unterschiedlichen Vorzeichen:

- Als Erstes wird der kleinere Betrag vom größeren Betrag subtrahiert.
- Das Vorzeichen des Ergebnisses ist das Vorzeichen des Summanden mit dem größeren Betrag.

Es gilt für **a** > b:

$$(+\mathbf{a}) + (-b) = +(\mathbf{a} - b) \qquad (-\mathbf{a}) + (+b) = -(\mathbf{a} - b)$$

Es gilt für **b** > a:

$$(+a) + (-\mathbf{b}) = -(\mathbf{b} - a) \qquad (-a) + (+\mathbf{b}) = +(\mathbf{b} - a)$$

Beispiele

1. $(-4) + (+9)$

Lösung:

$$(-4) + (+9) = +(9 - 4) = 5$$

Der Betrag von +9 ist größer als der Betrag von −4. Rechne also 9 − 4 = 5 und setze als Vorzeichen das Vorzeichen von +9.

Darstellung an der Zahlengeraden:

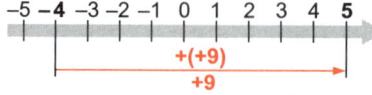

Die Addition von +9 entspricht dem Anhängen des nach rechts gerichteten Zahlenpfeils von +9. Gehe also von −4 aus 9 Schritte nach rechts und du landest bei 5.

2. $(+3) + (-5)$

Lösung:

$$(+3) + (-5) = -(5 - 3) = -2$$

Der Betrag von −5 ist größer als der Betrag von +3. Rechne also 5 − 3 = 2 und setze als Vorzeichen das Vorzeichen von −5.

Darstellung an der Zahlengeraden:

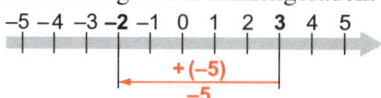

Die Addition von −5 entspricht dem Anhängen des nach links gerichteten Zahlenpfeils von −5. Gehe also von 3 aus 5 Schritte nach links und du landest bei −2.

Subtraktion einer positiven oder negativen ganzen Zahl

- Jede Subtraktion kann als Addition geschrieben werden, wenn dabei nicht die Zahl subtrahiert, sondern die **Gegenzahl addiert** wird. Es gilt für **a, b $\geq$ 0**:

$(+a)-(+b)=(+a)+(-b)$
$(-a)-(+b)=(-a)+(-b)$ Statt $+b$ zu subtrahieren wird die Gegenzahl $-b$ addiert.
$(+a)-(-b)=(+a)+(+b)$
$(-a)-(-b)=(-a)+(+b)$ Statt $-b$ zu subtrahieren wird die Gegenzahl $+b$ addiert.

- Wird von der Zahl 0 die Zahl a abgezogen, so ist das Ergebnis die Gegenzahl der Zahl a. Es gilt: $0-a=-a$

Beispiele

1. $(+5)-(+8)$

Lösung:

$(+5)-(+8)=(+5)+(-8)$
$\qquad\qquad\;\;=-(8-5)$
$\qquad\qquad\;\;=-3$

Schreibe als Addition mit ungleichen Vorzeichen:
Der Betrag von –8 ist größer als der Betrag von +5. Rechne also $8-5=3$ und setze als Vorzeichen das Vorzeichen von –8.

Darstellung an der Zahlengeraden:

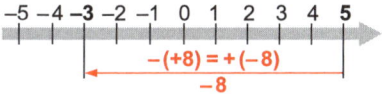

Die Subtraktion von +8 entspricht der Addition von –8. Gehe also von 5 aus 8 Schritte nach links und du landest bei –3.

2. $(-4)-(+3)$

Lösung:

$(-4)-(+3)=(-4)+(-3)$
$\qquad\qquad\;\;=-(4+3)$
$\qquad\qquad\;\;=-7$

Schreibe als Addition mit gleichen Vorzeichen:
$4+3=7$. Als Vorzeichen setze –, da beide Summanden negatives Vorzeichen haben.

Darstellung an der Zahlengeraden:

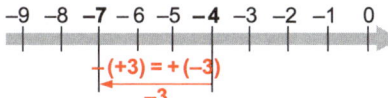

Die Subtraktion von +3 entspricht der Addition von –3. Gehe also von –4 aus 3 Schritte nach links und du landest bei –7.

3. $(+2)-(-4)$

Lösung:

$(+2)-(-4)=(+2)+(+4)$
$\qquad\qquad\;\;=+(2+4)$
$\qquad\qquad\;\;=6$

Schreibe als Addition mit gleichen Vorzeichen:
$2+4=6$. Als Vorzeichen setze +, da beide Summanden positives Vorzeichen haben.

Darstellung an der Zahlengeraden:

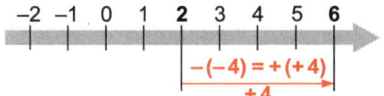

Die Subtraktion von –4 entspricht der Addition von +4. Gehe also von 2 aus 4 Schritte nach rechts und du landest bei 6.

4. $(-2)-(-6)$

Lösung:

$$(-2)-(-6) = (-2)+(+6)$$
$$= +(6-2)$$
$$= 4$$

Schreibe als Addition mit ungleichen Vorzeichen:
Der Betrag von $+6$ ist größer als der Betrag von -2. Rechne also $6-2=4$ und setze als Vorzeichen das Vorzeichen von $+6$.

Darstellung an der Zahlengeraden:

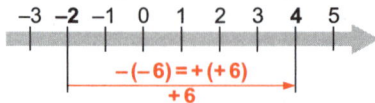

Die Subtraktion von -6 entspricht der Addition von $+6$. Gehe also von -2 aus 6 Schritte nach rechts und du landest bei 4.

69 Berechne und veranschauliche die Rechnungen an der Zahlengeraden.

a) $(-3)+(-5)$ b) $(+7)+(-4)$

c) $(-5)-(-2)+(+6)$ d) $(+3)+(-1)-(-8)$

Vereinfachung der Schreibweise

- Steht vor einem Vorzeichen kein Rechenzeichen, gilt:
  Bei positiven Zahlen können Klammern und Vorzeichen weggelassen werden, bei negativen Zahlen können die Klammern weggelassen werden:
  $$(+a)=a \qquad (-a)=-a$$

- Steht ein Rechenzeichen vor einem Vorzeichen, gilt:
  Gleiche Zeichen ergeben +, verschiedene Zeichen ergeben −.

  $+(+b)=+b$
  $-(-b)=+b$ Gleiche Zeichen $\rightarrow$ +

  $-(+b)=-b$
  $+(-b)=-b$ Verschiedene Zeichen $\rightarrow$ −

Auf diese Art lassen sich Addition und Subtraktion ohne Klammern schreiben:

Addition

$(+a)+(+b)=a+b$
$(-a)+(+b)=-a+b$ Gleiche Zeichen $\rightarrow$ +

$(+a)+(-b)=a-b$
$(-a)+(-b)=-a-b$ Verschiedene Zeichen $\rightarrow$ −

Subtraktion

$(+a)-(+b)=a-b$
$(-a)-(+b)=-a-b$ Verschiedene Zeichen $\rightarrow$ −

$(+a)-(-b)=a+b$
$(-a)-(-b)=-a+b$ Gleiche Zeichen $\rightarrow$ +

eispiel Vereinfache die Terme und berechne den Termwert.

a) $(-11)+(-12)$

b) $(+52)-(-17)$

c) $(+15)+(+89)$

d) $(-41)-(+21)$

e) $(-26)-(+7)+(-32)$

Lösung:

a) $(-11)+(-12)=-11-12=-23$

$(-a)+(-b)=-a-b$
Das Vorzeichen von (-12) und das Rechenzeichen + ergeben ein −.

b) $(+52)-(-17)=52+17=69$

$(+a)-(-b)=a+b$
Das Vorzeichen von (-17) und das Rechenzeichen − ergeben ein +.

c) $(+15)+(+89)=15+89=104$

$(+a)+(+b)=a+b$
Das Vorzeichen von $(+89)$ und das Rechenzeichen + ergeben ein +.

d) $(-41)-(+21)=-41-21=-62$

$(-a)-(+b)=-a-b$
Das Vorzeichen von $(+21)$ und das Rechenzeichen − ergeben ein −.

e) $(-26)-(+7)+(-32)=-26-7-32$
$=-33-32$
$=-65$

$(-a)-(+b)+(-c)=-a-b-c$
Das Vorzeichen von $(+7)$ und das Rechenzeichen − ergeben ein −.
Das Vorzeichen von (-32) und das Rechenzeichen + ergeben ein −.

70 Berechne ausführlich mithilfe der vereinfachten Schreibweise.

a) $(+3)+(-12)$

b) $(-14)+(-12)$

c) $(-22)-(-21)$

d) $(+18)-(-6)$

e) $(-34)+(+41)$

f) $(+7)-(+2)$

g) $(-65)-(+96)$

h) $(+88)+(+12)$

71 Wie heißt die gesuchte Zahl?

a) Welche Zahl muss zu (-110) addiert werden, um $(+50)$ zu erhalten?

b) Welche Zahl muss zu $(+51)$ addiert werden, um (-42) zu erhalten?

c) Welche Zahl muss von $(+94)$ subtrahiert werden, um (-14) zu erhalten?

d) Addiere zur Gegenzahl von 12 die Summe der Zahlen (-48) und (-86).

e) Subtrahiere von 88 die kleinste negative zweistellige Zahl.

72 Das Tote Meer liegt 430 m unter dem Meeresspiegel und München liegt 519 m über dem Meeresspiegel. Überprüfe die Aussage, dass München somit 949 m höher liegt, mit einer Rechnung.

73 Mit welchen drei Zahlen der gegebenen Zahlen (–15); (+6); (–54); (+32); (–71) erhältst du den größten bzw. kleinsten Summenwert und den größten bzw. kleinsten Differenzwert? Kreuze richtig an.

a) größter Summenwert:
   (–15) + (+6) + (–71) ☐
   (–15) + (+6) + (+32) ☐
   (–15) + (–54) + (–71) ☐

b) größter Differenzwert:
   (–54) – (+6) – (–15) ☐
   (+6) – (–71) – (–54) ☐
   (+32) – (–54) – (–71) ☐

c) kleinster Summenwert:
   (–71) + (+6) + (–54) ☐
   (–15) + (–71) + (–54) ☐
   (–15) + (+6) + (+32) ☐

d) kleinster Differenzwert:
   (+6) – (–54) – (–71) ☐
   (–15) – (+6) – (+32) ☐
   (–74) – (+6) – (–15) ☐

74 Für den Samstag plant Familie Krabbe einen Segeltörn. In der Segelregion hat das mittlere Hochwasser (MHW) eine Höhe von 150 cm über Normal-Null (NN). Dazu informiert sich der Vater über die vorhergesagte Wellenhöhe:

Uhrzeit	6.00	9.00	12.00	15.00	18.00	21.00
Wellenhöhe	108 cm	144 cm	138 cm	162 cm	216 cm	196 cm

a) Berechne für alle Uhrzeiten, um wie viele Zentimeter die Wellenhöhe vom mittleren Hochwasser (MHW) mit 150 cm Höhe abweicht.

b) Berechne unter den gegebenen Uhrzeiten den größten und kleinsten Wellenhöhenunterschied.

c) Wie hoch sind die Wellen bei einer schweren Sturmflut (>350 cm über MHW)?

75 Trage die Summenwerte in die Tabelle ein.

+	−22	−35	23	−50
−11				
46				
−26				
−19				

76 Bestimme den Term und berechne seinen Wert.

a) Addiere die Differenz aus 25 und −31 zur Summe dieser Zahlen.

b) Subtrahiere die Summe der Zahlen 39 und 67 von der Differenz aus den Zahlen −37 und −78.

77 Ergänze fehlende Zahlen und Rechenzeichen.

a) $(-8)\ \Box\ (-12) = -20$ b) $\Box - (+30) = +15$

c) $(+14)\ \Box\ (-17) = +31$ d) $5\ \Box\ 9\ \Box\ (-22) = 36$

e) $(-53) + \Box = (-80)$ f) $7\ \Box\ (-8) - \Box = 0$

78 Ergänze zur Mitte hin die leeren Kästchen. Bilde dazu immer die Summe zweier benachbarter Zahlen und trage den Summenwert in das Kästchen ein, welches zwischen den beiden Zahlen liegt. Wenn du die Summe aller inneren Zahlen bildest und die Zahl in der Mitte das Ergebnis ist, hast du richtig gerechnet.

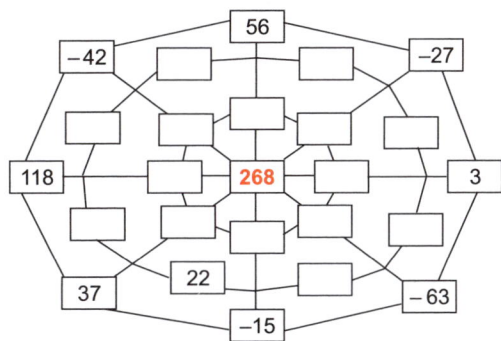

79 Berechne den Termwert.

a) $-24 + 26 - 25 + 52$ b) $(16 - 32) + (-36 + 41)$

c) $5 - 74 - 18 + 12$ d) $(-39 + 83 - 128) - (53 - 70)$

e) $16 - [38 + (37 - 58)]$ f) $324 - [5 - (43 - 170) - (29 + 142)]$

4 Multiplikation ganzer Zahlen

Pepe ist begeisterter Surfer, doch die Aus-
rüstung ist nicht billig. Er zahlt sein neues
Surfboard daher in monatlichen Raten von
150 Euro ab. Er berechnet das Minus, das
ihm dadurch nach einem halben Jahr auf
seinem Konto entsteht:
$-150 \text{ €} \cdot 6 = -900 \text{ €}$

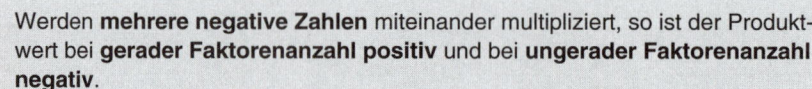

Bei der Multiplikation von zwei ganzen Zahlen werden deren Beträge multipliziert.
Für das Vorzeichen des Produktwerts gilt:

- Haben beide Faktoren das **gleiche Vorzeichen**,
  hat der Produktwert ein **positives Vorzeichen**.
  Kurz: $+ \cdot + = +$ und $- \cdot - = +$

- Haben beide Faktoren **verschiedene Vorzeichen**,
  hat der Produktwert ein **negatives Vorzeichen**.
  Kurz: $+ \cdot - = -$ und $- \cdot + = -$

Beispiele

$(-12) \cdot (-2) = +24$	gleiches Vorzeichen $\rightarrow$ +
$(+8) \cdot (+9) = +72$	gleiches Vorzeichen $\rightarrow$ +
$(-23) \cdot (+4) = -92$	verschiedene Vorzeichen $\rightarrow$ –
$(+56) \cdot (-3) = -168$	verschiedene Vorzeichen $\rightarrow$ –

Werden **mehrere negative Zahlen** miteinander multipliziert, so ist der Produktwert bei **gerader Faktorenanzahl positiv** und bei **ungerader Faktorenanzahl
negativ**.

Beispiele

$(-2) \cdot (-12) \cdot (-3) \cdot (-4) = +288$	gerade Faktorenanzahl (4) $\rightarrow$ +
$(-3) \cdot (-4) \cdot (-5) = -60$	ungerade Faktorenanzahl (3) $\rightarrow$ –

80 Berechne

a) $(-4) \cdot (-6)$

b) $(-15) \cdot (+2) \cdot (-5)$

c) $(+10) \cdot (+4) \cdot (-250)$

d) $(-12) \cdot (-3) \cdot (+5) \cdot (+7)$

81 Setze für die Leerstelle die richtige Zahl ein.

a) $(-7) \cdot \boxed{} = (+42)$

b) $\boxed{} \cdot (+17) = (-85)$

c) $(-125) \cdot \boxed{} = (+500)$

d) $(-4) \cdot \boxed{} \cdot (-10) = (-1\,000)$

82 Ergänze in der Tabelle die fehlenden Werte.

·	110	−5	−2	50
−8				
20				
−75				

83 Wie viele Schulden hat Tim, wenn er sich bei Franz und Jochen 11 €, bei Johanna 15 € und bei Lena, Sybille sowie bei Marlene 7 € geliehen hat? Stelle einen Term auf, schreibe eine wiederholte Addition als Multiplikation und berechne den Termwert.

5 Division ganzer Zahlen

Bernd hat auf seinem Konto 32 000 € Schulden. Durch fleißiges Sparen halbiert er jedes Jahr die Schulden. Bernd fragt sich, ob er so nach einiger Zeit wieder ins „Plus" kommen kann? Er rechnet

$-32\,000\,€ : 2 = -16\,000\,€$

$-32\,000\,€ : 4 = -8\,000\,€$

$-32\,000\,€ : 8 = -4\,000\,€$

…

und merkt schnell, dass die Schulden immer kleiner werden, aber nicht ganz verschwinden. Weshalb steht nie ein Plus vor dem Geldbetrag?

> Bei der Division von zwei ganzen Zahlen werden deren Beträge dividiert.
> Für das Vorzeichen des Quotientenwerts gilt:
>
> - Haben Dividend und Divisor das **gleiche Vorzeichen**,
>   hat der Quotientenwert ein **positives Vorzeichen**.
>   Kurz: $+:+=+$ und $-:-=+$
> - Haben Dividend und Divisor **verschiedene Vorzeichen**,
>   hat der Quotientenwert ein **negatives Vorzeichen**.
>   Kurz: $+:-=-$ und $-:+=-$

Beispiele

$(-12):(-2)=+6$ gleiches Vorzeichen $\rightarrow +$
$(+9):(+3)=+3$ gleiches Vorzeichen $\rightarrow +$
$(-92):(+4)=-23$ verschiedene Vorzeichen $\rightarrow -$
$(+168):(-3)=-56$ verschiedene Vorzeichen $\rightarrow -$

84 Berechne die Aufgaben auf den Briefumschlägen. Das richtige Ergebnis führt dich zu einem Lösungsbuchstaben. Schreibe den Buchstaben für das Lösungswort unter die Ziffer, die die Briefmarke angibt. Als Lösungswort ergibt sich ein Zeichengerät.

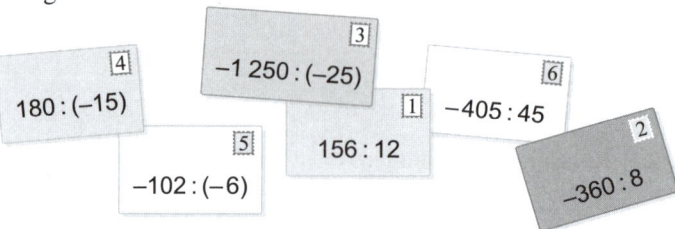

4. $180:(-15)$
3. $-1\,250:(-25)$
6. $-405:45$
1. $156:12$
5. $-102:(-6)$
2. $-360:8$

17	–9	13	50	–45	–12
E	L	Z	R	I	K

Lösungswort:

1	2	3	4	5	6

85 Setze für die Leerstelle das richtige Vorzeichen bzw. die richtige Zahl ein.

a) $-172:(\boxed{}4)=-\boxed{}$ b) $\boxed{}\boxed{}:(-3)=18$

c) $108:(-\boxed{})=\boxed{}12$ d) $-\boxed{}:25=\boxed{}11$

86 a) Welche Zahl musst du mit –6 multiplizieren, um 72 zu erhalten?

b) Wie heißt die Zahl, die mit 8 multipliziert (–104) ergibt?

6 Verknüpfung der vier Grundrechenarten

Die Rechengesetze und die Regeln zum Vereinfachen von Termen gelten auch beim Rechnen in der Zahlenmenge $\mathbb{Z}$ der ganzen Zahlen.

Vereinfachen von Termen

- Rechne zuerst die **Klammern** und dann **Punkt vor Strich**.
- Bei mehreren Klammern in einem Term werden zuerst die inneren Klammern berechnet.

Beispiel

$$4 \cdot [12 + 15 - 3 \cdot (2 + 1)] = 4 \cdot [12 + 15 - 3 \cdot 3]$$
$$= 4 \cdot [12 + 15 - 9]$$
$$= 4 \cdot [27 - 9]$$
$$= 4 \cdot 18$$
$$= 72$$

Berechne zunächst die innere Klammer, denke dann in der eckigen Klammer an Punkt vor Strich. Rechne anschließend Schritt für Schritt von rechts nach links.

Rechengesetze

- Es gilt das **Kommutativgesetz** bei Addition und Multiplikation für a, b $\in \mathbb{Z}$:
  $$a + b = b + a \qquad\text{und}\qquad a \cdot b = b \cdot a$$
  Beachte: Dieses Gesetz gilt **nicht** bei der Subtraktion und Division!

- Es gilt das **Assoziativgesetz** bei Addition und Multiplikation für a, b, c $\in \mathbb{Z}$:
  $$(a + b) + c = a + (b + c) \qquad\text{und}\qquad (a \cdot b) \cdot c = a \cdot (b \cdot c)$$
  Beachte: Dieses Gesetz gilt **nicht** bei der Subtraktion und Division!

- Es gilt das **Distributivgesetz** für a, b $\in \mathbb{Z}$ und c $\in \mathbb{Z} \setminus \{0\}$:
  $$(a + b) \cdot c = a \cdot c + b \cdot c \qquad\text{und}\qquad (a - b) \cdot c = a \cdot c - b \cdot c$$
  $$(a + b) : c = a : c + b : c \qquad\text{und}\qquad (a - b) : c = a : c - b : c$$
  Beachte: a : c + b : c ist **nicht dasselbe** wie c : (a + b).

Beispiele

1. $-3 + 5 = 5 + (-3)$
   $$2 = 2$$

2. $3 \cdot 5 = 5 \cdot 3$
   $$15 = 15$$

3. $(3 + 4) + (-5) = 3 + (4 + (-5))$
   $$7 + (-5) = 3 + (-1)$$
   $$2 = 2$$

4. $-4 \cdot (2 \cdot 8) = (-4 \cdot 2) \cdot 8$
   $$-4 \cdot 16 = -8 \cdot 8$$
   $$-64 = -64$$

5. $(-11+4) \cdot 2 = -11 \cdot 2 + 4 \cdot 2$

$-7 \cdot 2 = -22 + 8$

$-14 = -14$

6. $20 \cdot 3 - 10 \cdot 3 = (20 - 10) \cdot 3$

$60 - 30 = 10 \cdot 3$

$30 = 30$

7. $(6 - 12) : 3 = 6 : 3 - 12 : 3$

$-6 : 3 = 2 - 4$

$-2 = -2$

Ausmultiplizieren / Ausdividieren und Ausklammern

Je nachdem, ob man das Distributivgesetz in die eine oder andere Richtung anwendet, spricht man vom Ausmultiplizieren / Ausdividieren oder vom Ausklammern.

$(a+b) \cdot c$	$\xrightarrow{\text{Ausmultiplizieren}}$	$a \cdot c + b \cdot c$	Hier dürfen in allen Produkten die Faktoren
$(a-b) \cdot c$	$\xleftarrow{\text{Ausklammern}}$	$a \cdot c - b \cdot c$	vertauscht werden.

$(a+b) : c$	$\xrightarrow{\text{Ausdividieren}}$	$a : c + b : c$	In den Quotienten dürfen Dividend und Divisor
$(a-b) : c$	$\xleftarrow{\text{Ausklammern}}$	$a : c - b : c$	nicht vertauscht werden.

Beispiele

1. Ausmultiplizieren:

$$-12 \cdot (2 + 6) = (-12) \cdot 2 + (-12) \cdot 6$$
$$= -24 + (-72)$$
$$= -24 - 72$$
$$= -96$$

2. Ausdividieren:

$$(48 - 80) : 16 = 48 : 16 - 80 : 16$$
$$= 3 - 5$$
$$= -2$$

3. Ausklammern:

$$15 \cdot 20 - 9 \cdot 15 = 15 \cdot (20 - 9)$$
$$= 15 \cdot 11$$
$$= 165$$

4. Ausklammern:

$$11 : (-3) + 58 : (-3) = (11 + 58) : (-3)$$
$$= 69 : (-3)$$
$$= -23$$

87 Berechne.

a) $3 + 7 \cdot 13 - 27$

b) $3\,660 : 12 - 590 : 5$

c) $110 : 11 - 18 - 225 : 25$

d) $-749 + (142 + 233) : 3$

88 Wende das Distributivgesetz an und berechne.

a) $-7 \cdot [-9 + (-5)]$

b) $(18 - 13) \cdot (-3)$

c) $(-125 + 450) : 25$

d) $[42 + (-70)] : 7$

89 Berechne durch Anwendung des Distributivgesetzes.

a) $14 \cdot (-4) - 14 \cdot 12$

b) $8 \cdot 7 + (-9) \cdot 7$

c) $72 : (-24) - 24 : (-24)$

d) $37 : 50 - (-13) : 50$

90 Rechne vorteilhaft unter Anwendung der Rechengesetze.

a) $5 \cdot 4 + 4 \cdot 7 + 4 \cdot 8$

b) $22 : 3 - 4 : 3$

91 Familie Bänker möchte ihre Konten zusammenführen, damit ein besserer Überblick über ihre Transaktionen gewährleistet ist. Dabei werden die Soll-Kontostände (Schulden) als negative Zahlen und die Haben-Kontostände als positive Zahlen in die Rechnung eingehen.

Die Familie hat 5 Konten:

Konto 1:	4 225 €	Soll
Konto 2:	7 850 €	Haben
Konto 3:	515 €	Soll
Konto 4:	1 745 €	Haben
Konto 5:	2 575 €	Haben

Berechne den Kontostand des neuen Kontos.

92 Peter hört eine Radiomeldung, in der für die nächsten Tage eine Föhnwetterlage angekündigt wird. Der Sprecher informiert darüber, dass bei dieser Wetterlage der Südwind Luftmassen von Italien über die Alpen weht. Beim Aufstieg an der Südseite der Alpen nimmt die Lufttemperatur pro 1 000 Höhenmeter um ungefähr 8 °C ab. Beim Absinken auf der Nordseite der Alpen nimmt die Lufttemperatur schneller zu und zwar um circa 1 °C pro 100 Höhenmeter. Der Radiosprecher berichtet, dass derzeit auf der Höhe des Alpenhauptkamms (3 000 m) eine Temperatur von –5 °C herrscht.

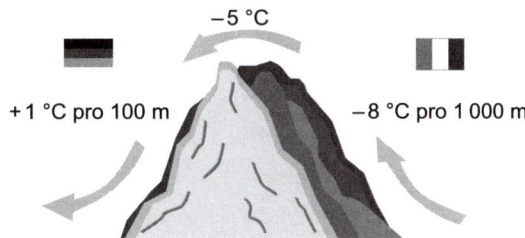

a) Welche Föhnwindtemperatur kannst du mit diesen Informationen für das 500 m hoch gelegene Rosenheim berechnen?

b) Welche Temperatur haben die Luftmassen auf italienischer Seite in einer Höhe von 1 000 m?

93 Erstelle einen Term und berechne.

a) Vom Produkt der Zahlen 23 und 11 wird die Zahl 524 subtrahiert.

b) Der Quotient aus den Zahlen 444 und 111 wird um die Gegenzahl von −55 verringert.

c) Zum Quotient aus den Zahlen −36 und −9 wird der Quotient aus den Zahlen −96 und 12 addiert.

94 Berechne Schritt für Schritt und färbe das Feld mit der richtigen Lösung ein. Welchen Buchstaben erhältst du?

a) $(12 - 13 \cdot 4) : 2 - (-88 : 11)$

b) $[-11 + 3^3 \cdot 21] + 4^2$

c) $(-224 - 136) \cdot (-68 + 72)$

d) $(145 \cdot 5) - 5^3 + 2^4 \cdot (2\,120 - 2\,220)$

e) $-25 \cdot (-14) \cdot (-8) - (475 + 650)$

1 005	572	84	−4 140
752	−12	−4	−5 671
−500	−1 000	4 011	500
−623	−3 925	−1 440	995

Größen aus dem Alltag

1 Maßeinheit, Maßzahl und Größe

Im Mittelalter wurden Stofflängen in Ellen gemessen. Weitere **Vergleichslängen** waren der Schritt, der Daumen und der Fuß. Der jeweilige König oder Graf setzte mit seinen Körpermaßen die **Maßeinheiten** (Elle, …) fest. Somit änderten sich von Herrschaftsgebiet zu Herrschaftsgebiet die Vergleichslängen, was den Handel stark behinderte. Später einigte man sich auf eine **einheitliche Vergleichslänge** – den **Meter** – und der Handel blühte auf.

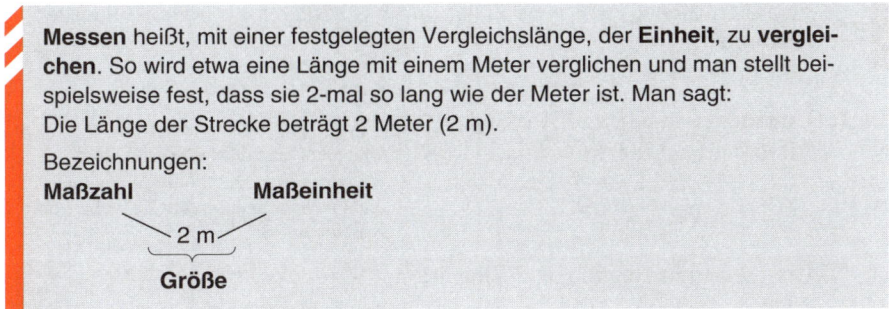

Messen heißt, mit einer festgelegten Vergleichslänge, der **Einheit**, zu **vergleichen**. So wird etwa eine Länge mit einem Meter verglichen und man stellt beispielsweise fest, dass sie 2-mal so lang wie der Meter ist. Man sagt:
Die Länge der Strecke beträgt 2 Meter (2 m).

Bezeichnungen:

Maßzahl   **Maßeinheit**

2 m

Größe

Neben der **Länge** sind die **Masse**, die **Zeit**, das **Geld** und die **Hohlmaße** wichtige Größen, die einem überall im Alltag begegnen.

2 Umrechnen in die größere oder kleinere Einheit

Ausgehend von einer Ausgangseinheit werden andere Einheiten oft durch das Anhängen von Vorsilben gebildet. Dabei gilt:

Milli-: $\frac{1}{1\,000}$ der Ausgangseinheit

Centi-: $\frac{1}{100}$ der Ausgangseinheit

Dezi-: $\frac{1}{10}$ der Ausgangseinheit

Hekto-: **100**-Fache der Ausgangseinheit

Kilo-: **1 000**-Fache der Ausgangseinheit

Beim Umrechnen einer Größe von einer Einheit in eine andere Einheit verändert sich die Maßzahl.
Wird die **Einheit größer**, so **verkleinert** sich die **Maßzahl**.
Wird die **Einheit kleiner**, so **vergrößert** sich die **Maßzahl**.
Sind die Umrechnungszahlen dabei Stufenzahlen wie 10, 100 und 1 000, ist das Umrechnen besonders einfach. Für alle Einheiten gilt dann:

> • Bei der Umrechnung in eine **größere Maßeinheit** musst du das Komma um die Anzahl der Nullen der Umrechnungszahl nach **links** verschieben.
> Ist die Umrechnungszahl keine Stufenzahl, musst du durch die Umrechnungszahl **teilen**.
>
> • Bei der Umrechnung in eine **kleinere Maßeinheit** musst du das Komma um die Anzahl der Nullen der Umrechnungszahl nach **rechts** verschieben.
> Ist die Umrechnungszahl keine Stufenzahl, musst du mit der Umrechnungszahl **malnehmen**.

Beispiele

1. Umrechnen in eine größere Einheit:
2 000,0 m = 2,0000 km = 2 km

Umrechnungszahl: 1 **000** (3 Nullen)
Nullen am Ende der Maßzahl muss man nicht mitschreiben, sofern sie rechts vom Komma stehen.

2. Umrechnen in eine kleinere Einheit:
2 km = 2,000 km = 2 000 m

Neu entstandene Stellen werden mit Nullen ergänzt.

2.1 Länge

Die festgelegte Längeneinheit ist **Meter (m)**. Weitere Maßeinheiten der Länge sind Millimeter (mm), Zentimeter (cm), Dezimeter (dm) und Kilometer (km).

Längenmessgeräte sind:

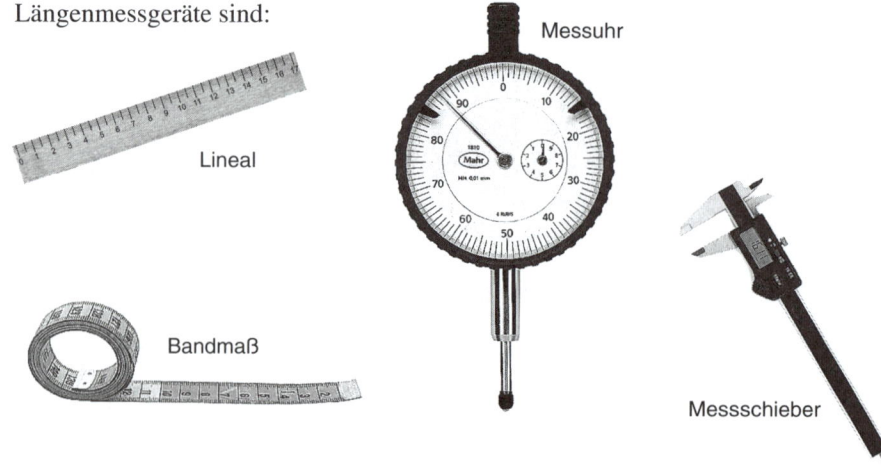

Messuhr

Lineal

Bandmaß

Messschieber

Die **Umrechnungszahl** zwischen mm, cm, dm und m ist **10**, die Umrechnungszahl zwischen m und km ist **1 000**, zwischen cm und m **100**.

- Millimeter (mm):   1 mm   1 mm = 0,001 m
- Zentimeter (cm):   1 cm = **10** mm   1 cm = 0,01 m
- Dezimeter (dm):   1 dm = **10** cm   1 dm = 0,1 m
- Meter (m):   1 m = **10** dm = 100 cm = 1 000 mm
- Kilometer (km):   1 km = **1 000** m

Umrechnung:

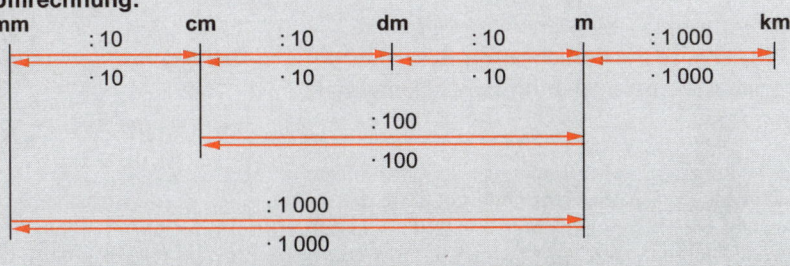

- Bei der Umrechnung in die **nächstgrößere Maßeinheit** musst du das Komma um **1 Stelle** nach **links** verschieben.

- Bei der Umrechnung in die **nächstkleinere Maßeinheit** musst du das Komma um **1 Stelle** nach **rechts** verschieben.

- **Ausnahme:** Bei der Umrechnung von **m** in **km** bzw. **km** in **m** musst du das Komma um **3 Stellen** nach **links** bzw. **rechts** verschieben.

Beispiele

1. 23,7 cm = 2,37 dm

Umrechnungszahl: 1**0**
Die Einheit wird größer, somit wird die Maßzahl kleiner. Das Komma verschiebt sich um die Anzahl der Nullen der Umrechnungszahl (1) nach links.

2. 8,64 m = 86,4 dm = 864 cm

Umrechnungszahlen: 1**0** und 1**0**
Die Einheit wird kleiner, somit wird die Maßzahl größer. Verschiebe das Komma 2-mal um 1 Stelle nach rechts.

3. 8,64 m = 864 cm

Umrechnungszahl: 1**0** · 1**0** = 1**00**
Die Umrechnungszahl von m in dm ist 10, von dm in cm auch 10. Also ist die Umrechnungszahl von m in cm 10 · 10 = 100 und das Komma muss um 2 Stellen nach rechts verschoben werden. Vergleiche auch mit Beispiel 2.

4. 3 m = 3,0 m = 30 dm

Verschiebe das Komma um 1 Stelle nach rechts. Neu entstandene Stellen werden mit Nullen ergänzt.

5. 230 m = 0,230 km = 0,23 km

Verschiebe das Komma um 3 Stellen nach links. Nullen am Ende der Maßzahl können wegfallen, sofern sie rechts vom Komma stehen.

95 Rechne in die angegebene Einheit um.

a) 3 456 cm (m)

b) 0,045 m (cm)

c) 35 km (cm)

2.2 Masse

Was ist schwerer, 1 kg Blei oder 1 kg Federn?
Der Pfiffikus weiß natürlich sofort Bescheid.
Man kann sich aber auch mit einer Balkenwaage
helfen.

Mit Waagen lässt sich das **Gewicht**, d. h. die **Masse** eines Körpers bestimmen.
Als festgelegte Masseeinheit verwendet man das **Kilogramm (kg)**. Weitere
Masseeinheiten sind das Milligramm (mg), das Gramm (g) und die Tonne (t).
Die **Umrechnungszahl** zwischen mg, g, kg und t ist **1 000**.

- Milligramm (mg): 1 mg   1 mg = 0,000001 kg
- Gramm (g):   **1** g = **1 000** mg   1 g = 0,001 kg
- Kilogramm (g):   **1** kg = **1 000** g = 1 000 000 mg
- Tonne: **1** t = **1 000** kg   1 kg = 0,001 t

Umrechnung:

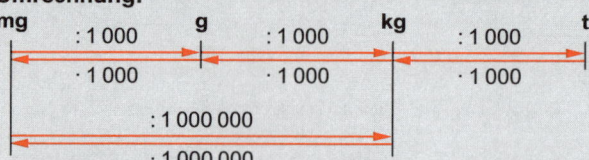

- Bei der Umrechnung in die **nächstgrößere Maßeinheit** musst du das Komma
  um **3 Stellen** nach **links** verschieben.
- Bei der Umrechnung in die **nächstkleinere Maßeinheit** musst du das Komma
  um **3 Stellen** nach **rechts** verschieben.

Beispiele

1. 1,5 kg = 1 500 g

Umrechnungszahl: 1 **000**
Die Einheit wird kleiner, somit wird die Maßzahl
größer. Das Komma verschiebt sich um die Anzahl
der Nullen der Umrechnungszahl (3) nach rechts.

2. 2 375,5 kg = 2,3755 t

Umrechnungszahl: 1 **000**
Die Einheit wird größer, somit wird die Maßzahl
kleiner. Verschiebe das Komma um 3 Stellen nach
links.

3. 12 500 mg = 12,5 g = 0,0125 kg

Verschiebe das Komma 2-mal um 3 Stellen nach
links.

96 Rechne in die angegebene Einheit um.

a) 6 790 kg (g)   b) 23 145 mg (g)

c) 630 mg (kg)   d) $\frac{1}{2}$ t (kg)

2.3 Zeit

Die Menschheit hat früh begonnen, die Zeit zu messen. Die Erfindungen reichen dabei von der Sonnen- und der Sanduhr über die Pendeluhr bis hin zur Atomuhr. Bereits im Altertum war bekannt, dass ein Tag der Umdrehung der Erde um die eigene Achse, ein Jahr dem Umlauf der Erde um die Sonne entsprach. Die Sonne durchläuft jährlich die 12 Tierkreiszeichen, d. h. es gibt 12 Monate.

Man unterscheidet zwischen **Zeitpunkt** und **Zeitspanne**.

ispiele

1. **Wann** findet etwas statt? → **Zeitpunkt**   Der Unterricht beginnt um 8.00 Uhr.

2. **Wie lange** dauert etwas? → **Zeitspanne**   Eine Unterrichtsstunde dauert 45 min.

Die Zeiteinheit ist eine Sekunde (s). Für die weiteren Zeitmaße gilt:

- Sekunde (s):   1 s
- Minute (min):   **1** min = **60** s
- Stunde (h, hour): **1** h = **60** min = 3 600 s
  (Viertelstunde: 15 min, halbe Stunde: 30 min, Dreiviertelstunde: 45 min)
- Tag (d, dies):   **1** d = **24** h
- Jahr (a, anno):   **1** a = **365** d

Umrechnung:

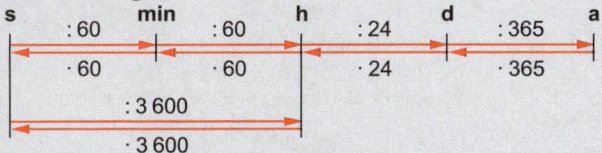

- Bei der Umrechnung in eine **größere Maßeinheit** musst du durch die Umrechnungszahl **teilen**.
- Bei der Umrechnung in eine **kleinere Maßeinheit** musst du mit der Umrechnungszahl **malnehmen**.

Beispiele

1. 730 d = 730 : 365 a = 2 a   Die Einheit wird größer, somit muss durch die Umrechnungszahl 365 geteilt werden.

2. 4 h = 4 · 60 min = 240 min   Die Einheit wird kleiner, somit muss mit der Umrechnungszahl 60 malgenommen werden.

3. 5 d = 5 · 24 h = 120 h   Die Einheit wird kleiner, somit muss mit der Umrechnungszahl 24 malgenommen werden.

97 Rechne in die angegebene Einheit um.

a) 65 h (min)

b) 4 320 min (d)

2.4 Geld

Früher bezahlte man Ware mit Naturalien (Fleisch, Kühe …). Später wurden Münzen, das erste Geld, verwendet. Seit 2002 kann man in vielen Ländern Europas mit dem Euro bezahlen.

Die Grundeinheit in Deutschland und vielen europäischen Ländern ist der **Euro (€)**. Die **Umrechnungszahl** von Euro (€) in Cent (ct) ist **100**.

- Cent (ct): 1 ct = 0,01 €
- Euro (€): **1 € = 100** ct

Umrechnung:

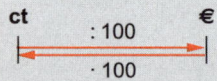

- Bei der Umrechnung in die **größere Maßeinheit** musst du das Komma um 2 Stellen nach **links** verschieben.
- Bei der Umrechnung in die **kleinere Maßeinheit** musst du das Komma um 2 Stellen nach **rechts** verschieben.

Beispiele

1. 2,50 € = 250 ct   Umrechnungszahl: 100
Die Einheit wird kleiner, somit wird die Maßzahl größer. Verschiebe das Komma um 2 Stellen nach rechts.

2. 599 ct = 5,99 €   Umrechnungszahl: 100
Die Einheit wird größer, somit wird die Maßzahl kleiner. Verschiebe das Komma um 2 Stellen nach links.

98 Rechne in die angegebene Einheit um.

a) 4,99 € (ct)

b) 8,95 ct (€)

2.5 Hohlmaße

Die Mengen, die in hohle Körper passen, werden
als Hohlmaße bezeichnet und in Teilen und
Vielfachen von 1 Liter angegeben.

  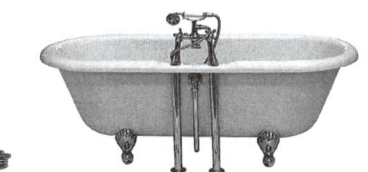

Gießkanne	Teekanne	Füllerpatrone	Badewanne	Ölfass
10 Liter	0,5 Liter	1 Milliliter	160 Liter	2 Hektoliter

Verwendete Einheiten bei Hohlmaßen sind:

- Milliliter ($m\ell$):   1 $m\ell$ **1 000** $m\ell$ = 1 ℓ
- Zentiliter ($c\ell$):   **1** $c\ell$ = **10** $m\ell$ 100 $c\ell$ = 1 ℓ
- Liter (ℓ):   **1** ℓ = **100** $c\ell$ = 1 000 $m\ell$
- Hektoliter ($h\ell$):   **1** $h\ell$ = **100** ℓ 0,01 $h\ell$ = 1 ℓ

Die **Umrechnungszahl** zwischen $c\ell$, ℓ und $h\ell$ ist **100**, die Umrechnungszahl
zwischen $m\ell$ und $c\ell$ ist **10**.

Umrechnung:

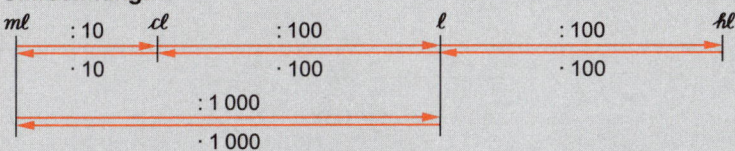

- Bei der Umrechnung in die **nächstgrößere Maßeinheit** musst du das Komma
  um **2 Stellen** nach **links** verschieben.

- Bei der Umrechnung in eine **nächstkleinere Maßeinheit** musst du das Komma
  um **2 Stellen** nach **rechts** verschieben.

- **Ausnahmen:** Bei der Umrechnung von $m\ell$ in $c\ell$ bzw. $c\ell$ in $m\ell$ musst du das
  Komma um **1 Stelle** nach **links** bzw. **rechts** verschieben.
  Bei der Umrechnung von $m\ell$ in ℓ bzw. ℓ in $m\ell$ musst du das Komma um
  3 Stellen nach **links** bzw. **rechts** verschieben.

Beispiele   **1.**   45,5 ℓ = 0,455 $h\ell$ Umrechnungszahl: 100
                                     Die Einheit wird größer, somit wird die Maßzahl kleiner.
                                     Verschiebe das Komma um 2 Stellen nach links.

   2.   2,356 ℓ = 2 356 $m\ell$ Umrechnungszahl: 1 000
                                     Die Einheit wird kleiner, somit wird die Maßzahl größer.
                                     Verschiebe das Komma um 3 Stellen nach rechts.

99 Rechne in die angegebene Einheit um.

a) $\frac{3}{4}\,\ell$ (mℓ)

b) 326 ℓ (hℓ)

c) 532 mℓ (ℓ)

d) 1 833 ℓ (mℓ)

e) 0,329 hℓ (ℓ)

f) 4 cℓ (mℓ)

g) 45 cℓ (ℓ)

h) 550 mℓ (cℓ)

i) 5 400 mℓ (ℓ)

j) 763 hℓ (ℓ)

100 Ordne die Größen richtig zu. Welche Größe bleibt übrig?

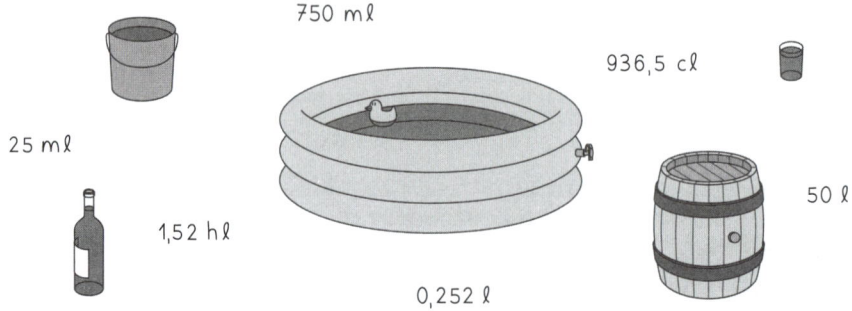

750 mℓ

936,5 cℓ

25 mℓ

50 ℓ

1,52 hℓ

0,252 ℓ

101 Wie viele mℓ fehlen zu 1 ℓ?

a) 81 cℓ

b) 200 mℓ

c) 410 mℓ

d) 18 cℓ

e) $\frac{1}{4}\,\ell$

f) 0,004 hℓ

102 Rechne in die nächstgrößere Einheit um.

a) 345 mm

b) 85 600 g

c) 5 670 m

d) 30 s

e) 89 kg

f) 5 000 ct

g) 51 mg

h) 135 s

i) 888 cm

j) 19 m

103 Ordne folgende Maßeinheiten, beginnend mit der kleinsten.

a) 500 g
   0,51 t
   5 000 mg
   550 kg

b) 780 cm
   7 810 dm
   7 800 m
   0,078 km

104 Welcher Weg führt zum Ziel?

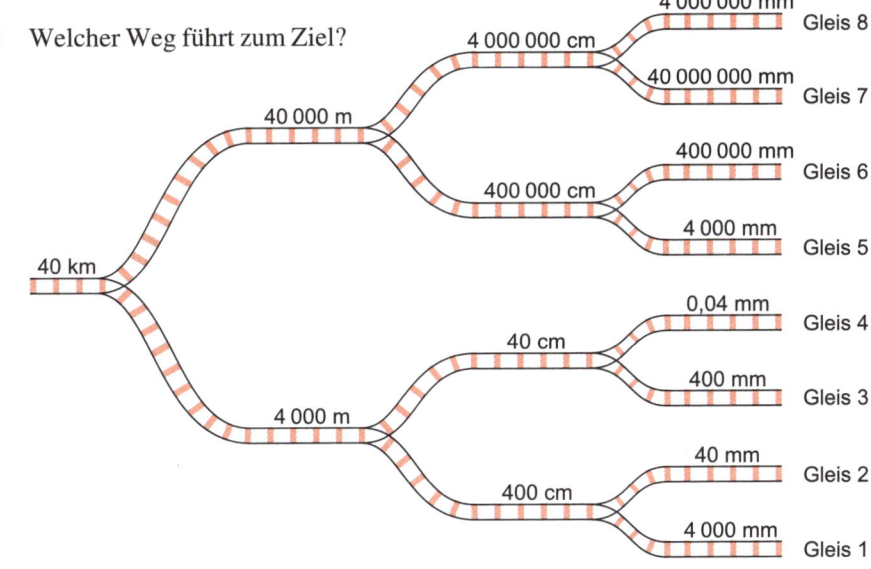

3 Rechnen mit Größen aus dem Alltag

3.1 Größenangaben in gemischter Schreibweise

Im Alltag benutzt man häufig mehrere Maßeinheiten, weshalb sie oft gemischt auf-
treten.

> Treten Größen in **gemischter Schreibweise** auf, werden diese zum Rechnen
> in der größeren **oder** in der kleineren Einheit angegeben. Gibt man sie in der
> größeren Einheit an, trennt ein **Komma** die nächstkleinere Einheit ab.
> Für die **Zeitmaße** ist die Kommaschreibweise **nicht** gebräuchlich, da sie sich
> nicht durch Stufenzahlen des Dezimalsystems ineinander umrechnen lassen.

Beispiele

1. Gib in der größeren Einheit an:

   a) 23 € 21 ct

   b) 450 kg 45 g

   c) 10 ℓ 225 mℓ

   Lösung:

   a) 23 **€** 21 **ct** = 23,21 **€**

   b) 450 **kg** 45 **g** = 450,045 **kg**

   c) 10 **ℓ** 225 **mℓ** = 10,225 **ℓ**

2. Gib in der kleineren Einheit an:

a) 2 h 30 min

b) 2 t 658 kg

c) 3 ℓ 8 ℓ

Lösung:

a) 2 **h** 30 **min** = 2 · 60 **min** + 30 **min** = 150 **min**

b) 2 **t** 658 **kg** = 2 658 **kg**

c) 3 ℓ 8 ℓ = 308 ℓ

105 Gib in gemischter Schreibweise an:

a) 567,89 €

b) 98,99 €

c) 1,05 kg

d) 13,5628 km

e) 120,5 ℓ

f) 89,3 cℓ

106 Gib in der größeren Einheit an:

a) 6 min 45 s

b) 9 t 78 kg

c) 34 g 8 mg

d) 789 m 43 cm

e) 67 km 54 m

f) 56 dm 76 cm

g) 4 ℓ 33 mℓ

h) 1 250 ℓ 99 ℓ

107 Gib in der kleineren Einheit an:

a) 6 g 50 mg

b) 56 cm 8 mm

c) 8 min 2 s

d) 76 € 12 ct

e) 1 m 1 cm

f) 7 t 456 kg

g) 57 ℓ 63 ℓ

h) 12 ℓ 1 mℓ

108 a) Wie viel fehlt zu 1 g?

 • 560 mg

 • 0,47 g

 • 0,1 g 90 mg

b) Wie viel fehlt zu 1 kg?

 • 420 g

 • 750 000 mg

 • 620 g 5 000 mg

c) Wie viel fehlt zu 1 t?

 • 789 kg

 • 454 kg 256 g

 • 78,9 kg

3.2 Addition und Subtraktion von Größen

Achte beim Rechnen immer auf die korrekten Maßeinheiten:

> Nur Größen **gleicher Art** können addiert und subtrahiert werden. Es werden zuerst **alle Größenangaben in dieselbe, kleinere Maßeinheit** umgewandelt. (Nebenrechnungen sind oft notwendig.)

Beispiele

1. $7{,}5\ \textbf{kg} + 5\ \textbf{g} + 1\ 000\ \textbf{mg} = 7\ 500\ 000\ \textbf{mg} + 5\ 000\ \textbf{mg} + 1\ 000\ \textbf{mg}$
$\qquad\qquad\qquad\qquad\qquad = 7\ 506\ 000\ \text{mg}$
$\qquad\qquad\qquad\qquad\qquad = 7{,}506\ \text{kg}$

2. $540\ \textbf{€} - 45\ \textbf{ct} = 54\ 000\ \textbf{ct} - 45\ \textbf{ct}$ $\qquad$ Nebenrechnung:
$\qquad\qquad\qquad\ = 53\ 955\ \text{ct}$
$\qquad\qquad\qquad\ = 539{,}55\ \text{€}$

$$\begin{array}{r} 54\ 000 \\ -\quad 45 \\ \hline 53\ 955 \end{array}$$

3. $5\ \textbf{m}\ 50\ \textbf{cm} + 40\ \textbf{cm} - 560\ \textbf{mm} = 5\ 500\ \textbf{mm} + 400\ \textbf{mm} - 560\ \textbf{mm}$
$\qquad\qquad\qquad\qquad\qquad\qquad\quad = 5\ 900\ \text{mm} - 560\ \text{mm}$
$\qquad\qquad\qquad\qquad\qquad\qquad\quad = 5\ 340\ \text{mm}$
$\qquad\qquad\qquad\qquad\qquad\qquad\quad = 5{,}34\ \text{m}$

109 Berechne.

a) $23\ \text{ct} + 56\ \text{€}$ 　　　　　　　　b) $78{,}3\ \text{km} + 456\ \text{m} - 34\ 000\ \text{cm}$

c) $0{,}5\ \ell - 3\ c\ell - 5\ m\ell$ 　　　　　d) $13\ \text{mm} + 13\ \text{cm} + 13\ \text{dm} + 13\ \text{m}$

e) $3\ 456\ \text{mg} + 92\ \text{g}$ 　　　　　　f) $653\ \text{cm} + 7\ \text{m} - 2{,}5\ \text{dm}$

g) $12\ \text{€}\ 45\ \text{ct} - 480\ \text{ct}$ 　　　　h) $3\ \text{kg}\ 400\ \text{g} + 900\ \text{g} - 1\ 200\ \text{mg}$

110 Berechne für jedes Gebäude, um wie viele Meter höher das höchste Gebäude ist.

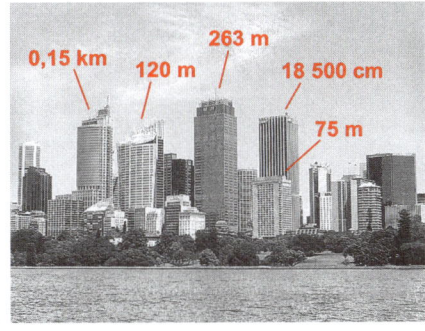

3.3 Multiplikation und Division von Größen

Bei diesen Rechenoperationen musst du besonders auf die Einheiten achten.

- **Größen** werden mit einer **Zahl multipliziert (dividiert)**, indem man die Maßzahl mit der Zahl multipliziert (dividiert) und die **Maßeinheit beibehält**.
- **Dividiert** man **zwei Größen** mit derselben Maßeinheit, so erhält man eine **Zahl ohne Maßeinheit**.

Beispiele

1. $35 \text{ m} \cdot 7 = (35 \cdot 7) \text{ m} = 245 \text{ m}$ Größe · Zahl = Größe

2. $112 \text{ kg} : 4 = (112 : 4) \text{ kg} = 28 \text{ kg}$ Größe : Zahl = Größe

3. $32 \text{ km} : 16 \text{ m} = 32\,000 \text{ m} : 16 \text{ m} = 2\,000$ Größe : Größe = Zahl

111 Wandle in die kleinere Einheit um und berechne.

a) $5 \text{ kg } 300 \text{ g} \cdot 5$ b) $34 \text{ m } 600 \text{ cm} : 8$

c) $450 \text{ } \ell \text{ } 50\,000 \text{ } m\ell : 10$ d) $15 \cdot 0{,}125 \text{ kg}$

e) $22 \text{ g } 10 \text{ mg} \cdot 3$ f) $120 \text{ cm } 120 \text{ mm} : 5$

g) $38 \text{ km } 153 \text{ m} \cdot 5$ h) $21 \cdot 0{,}05 \text{ km } 1 \text{ m}$

112 a) Wie viele Sekunden sind 3 Minuten?

b) Wie viele Stunden sind 12 Tage?

c) Wie viele Minuten sind 2 Tage?

d) Wie viele Jahre sind 5 475 Tage?

3.4 Der Maßstab

Um die Wirklichkeit abzubilden, benötigt man oft einen Maßstab.

> Der **Maßstab 1 : n** gibt an, dass die Streckenlänge in Wirklichkeit n-mal so groß
> ist wie auf dem Plan. Der **Maßstab n : 1** gibt an, dass die Streckenlänge auf dem
> Plan n-mal so groß ist wie in Wirklichkeit.
>
> Maßstab 1 : 1 000 000
>
> 1 cm   1 000 000 cm
> Maßzahl der   Maßzahl der
> Länge im Plan   Länge in Wirklichkeit

Beispiele

1. Auf einer Landkarte beträgt die Entfernung vom Bahnhof eines Dorfes bis
   zum Bahnhof einer Stadt **2 cm** (Maßstab **1 : 1 000 000**).
   Wie weit liegen die Bahnhöfe in Wirklichkeit auseinander?

   Lösung:
   1 cm $\triangleq$ 1 000 000 cm
   Länge im Plan $\triangleq$ Maßzahl der Länge in Wirklichkeit
   1 cm auf der Landkarte entspricht ($\triangleq$) in Wirklichkeit 1 000 000 cm
   (1 000 000 cm = 10 000 m = 10 km).
   Die Entfernung der beiden Bahnhöfe beträgt in Wirklichkeit
   2 · 10 km = 20 km.

2. Zwei Berge sind auf einer Wander-
   karte **5 cm** entfernt. Tatsächlich beträgt die Entfernung **25 km**.
   Wie lautet der Maßstab?

   Lösung:
   25 km = 25 000 m = 2 500 000 cm
   2 500 000 cm **:** 5 cm = 500 000
   Der Maßstab lautet 1 : 500 000.

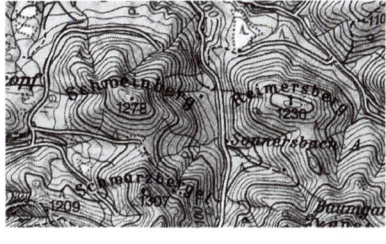

3. In einem Bauplan wurde mit einem Maßstab von **1 : 60** gearbeitet.
   Wie lang erscheint die **9 m** lange Mauer im Plan?

   Lösung:
   9 m = 900 cm
   900 cm **:** 60 = 15 cm
   Die Mauer ist im Plan 15 cm lang.

4. Unter einem Mikroskop wurde ein Insekt auf **3 cm** Länge vergrößert. Der Maßstab beträgt **100 : 1**.
Wie lang ist das Insekt in Wirklichkeit?

Lösung:
3 cm **:** 100 = 0,03 cm.
Das Insekt ist in Wirklichkeit 0,03 cm lang.

113 Am Rand von Landkarten findet man diese Angabe, aus der der Maßstab zu bestimmen ist. Bestimme den Maßstab.

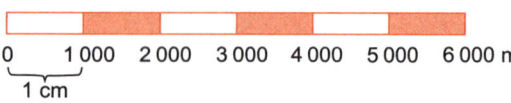

0   1 000 2 000 3 000 4 000 5 000 6 000 m

1 cm

114 Zwei Orte sind auf einer Landkarte 12 cm entfernt. Tatsächlich beträgt die Entfernung 60 km.
Wie lautet der Maßstab?

115 In einem Bauplan wurde mit einem Maßstab von 1 : 100 gearbeitet.
Wie lang ist die im Plan gezeichnete, 20 cm lange Mauer in Wirklichkeit?

116 Ein Pseudoskorpion ist in Wirklichkeit **8 mm** groß.
Durch ein Mikroskop wurde das Tierchen auf **4 cm** vergrößert.
Wie lautet der Maßstab?

117 Mit einer Lupe wurde ein Buchstabe auf 4 cm vergrößert. Der Maßstab beträgt 10 : 1.
Wie groß ist der Buchstabe in Wirklichkeit?

4 Sachaufgaben lösen

4.1 Allgemeines

Das Lösen von Sachaufgaben erfordert ein hohes Maß an Konzentration. Die gestellte Aufgabe ist genauestens zu lesen. Sinnvoll ist es, wenn du eine Sachaufgabe wie folgt angehst:

- **Lies** die Aufgabe **genau** durch.
- Notiere die **gegebenen Größen und Informationen**.
- Überlege, was **gesucht** ist.
- Lege **sinnvolle Maßeinheiten** fest und rechne, wenn nötig, um.
- Zerlege komplizierte Sachaufgaben in **Teilaufgaben**.
- Notiere den **Gesamtterm** in einer sinnvollen Reihenfolge.
- Rechne **nur mit den Maßzahlen**.
- Führe bei schwierigen Rechnungen eine schriftliche **Nebenrechnung** durch.
- Formuliere einen **Antwortsatz**.

4.2 Kosten, Einkauf

Beim Einkaufen kennst du dich sicher ganz gut aus. Das Geld musst du häufig in Cent umrechnen.

Beispiel

Eine Blumenhändlerin hat bei ihrem Lieferanten eine Rosenbestellung aufgegeben. Im April sollen täglich 20 rote, 10 gelbe und 5 weiße Rosen geliefert werden. Eine rote Rose kostet 2 €, eine gelbe Rose 3 € und eine weiße Rose 2,50 €. Welchen Umsatz macht die Blumenhändlerin, wenn Ende des Monats von den roten Rosen 85 Stück und von den gelben Rosen 42 Stück nicht verkauft wurden?

Lösung:

Gegeben: Im April (30 Tage) werden täglich geliefert:

20 rote Rosen zu 2 €

10 gelbe Rosen zu 3 €

5 weiße Rosen zu 2,50 €

Im April blieben übrig:

85 rote Rosen, **42** gelbe Rosen

Gesucht: Umsatz im April

Rechnung:

$$\overbrace{[(30\cdot\mathbf{20})\cdot 2\,€+(30\cdot\mathbf{10})\cdot 3\,€+(30\cdot\mathbf{5})\cdot 2,50\,€]}^{\text{eingekaufte Rosen}}-\overbrace{(\mathbf{85}\cdot 2\,€+\mathbf{42}\cdot 3\,€)}^{\text{übrig gebliebene Rosen}}$$

$$=[600\cdot 2\,€+300\cdot 3\,€+150\cdot 2,50\,€]-(170\,€+126\,€)$$

$$=[1\,200\,€+900\,€+375\,€]-296\,€$$

$$=2\,475\,€-296\,€$$

$$=2\,179\,€$$

Nebenrechnungen:

$$150\cdot 2,50\,€=150\cdot 250\text{ ct}$$

```
        300
         750
      37500 ct = 375 €
```

```
  2 475
 − 296
  2 179
```

Antwort: Der Umsatz an Rosen beläuft sich in diesem Monat auf 2 179 €.

118 Bäcker Frühauf möchte täglich 80 € an Roggenbrot verdienen. Er bäckt insgesamt 60 Brote. Die Kosten für Zutaten belaufen sich auf 40 €.
Für welchen Preis muss ein Roggenbrot verkauft werden?

119 Für eine Geburtstagsparty wurden 4 Kästen Getränke mit je einem Dutzend 1-ℓ-Flaschen eingekauft.
Wie viele 0,5-ℓ-Gläser können verteilt werden?

120 Eine Zeitschrift, die zweimal im Monat erscheint, kostet 3,40 €. Im Jahresabonnement kostet sie 75 €.
Um wie viel ist das Jahresabonnement billiger im Vergleich zum Einzelkauf?

121 Was muss Frau Huber bezahlen, wenn sie 3 Kästen Limonade, 2 kg Schweinefleisch und 2 Brote kauft?

122 Familie Meier möchte ihren Swimmingpool mit Wasser füllen. Er hat ein Fassungsvermögen von 6 500 ℓ. Leider ist der Schlauch kaputt und niemand in der Nachbarschaft zu Hause. Familie Meier muss den Pool mit 10-ℓ-Eimern auffüllen.

a) Wie viele Eimer muss Familie Meier tragen?

b) Wie teuer ist eine Füllung, wenn 1 $h\ell$ zwanzig Cent kostet?

123 In einer Realschule befinden sich in der 5. Jahrgangsstufe 139 Schülerinnen und Schüler und in der 6. Jahrgangsstufe 96 Schülerinnen und Schüler.
Am Schuljahresanfang sollen Mathematik-Arbeitshefte für diese Klassenstufen bestellt werden. Das Heft kostet 5 €.

a) Welcher Betrag muss überwiesen werden, wenn es bei einer Bestellung von mindestens 200 Exemplaren einen Rabatt von 47 € gibt?

b) In einem Losverfahren soll der gesparte Geldbetrag unter den Jugendlichen verteilt werden. Wie viele Nieten müssen vorhanden sein, wenn alle ein Los bekommen und ein Gewinnlos 50 ct erhält?

124 Familie Schnell plant einen Wochenendausflug in einen Freizeitpark. Pia, Wolfgang und der 12-jährige Frank wollen Achterbahn fahren und die Zaubershow ansehen. Frank will noch unbedingt Karussell fahren. Für das Mittagessen und die Süßigkeiten rechnet Wolfgang 40 €. Der Eintritt kostet für Erwachsene 20 € und für Kinder bis 12 Jahre 15 €.

Preise: Kinder die Hälfte!
Achterbahn: 6 €
Karussell: 2 €
Wildwasserbahn: 4 €
Zaubershow: 8 €

Was wird Familie Schnell an diesem Tag bezahlen?

125 Eine Großfamilie plant den Wochenendeinkauf. Sie haben 70 € für Getränke zur Verfügung. Ein Kasten Wasser kostet 4 €, ein Kasten Limo 6 € und $1\frac{1}{2}$ ℓ Cola (1 Flasche) 1,50 €.
Berechne, ob das Geld für 5 Kästen Limo, 4 Kästen Wasser und 10 Flaschen Cola ausreicht.

126 Ein Elektrofachmarkt macht auf folgende Art und Weise Werbung:
Zahlen Sie bequem in 24 Monatsraten!
Herr Schmitt überlegt nicht lange und kauft einen Fernseher. Der Preis beträgt 2 280 €.

a) Wie hoch ist die monatliche Rate, wenn je Rate 4 € Zinsen hinzukommen?

b) Wie viel hat der Fernseher am Ende gekostet?

c) Wie viel Geld musste Herr Schmitt für Bearbeitung und Zinsen bezahlen?

127 Der Höhepunkt einer Geburtstagsfeier ist ein Kinobesuch. Spontan einigen sich die 8 Gäste und die 5 Familienmitglieder auf einen Zeichentrickfilm. Die Loge kostet 7 €, Parterre kostet 1 € weniger.

a) Was kostet der Kinobesuch, wenn sich 5 Gäste für Parterre entscheiden und der Rest in der Loge Platz nimmt?

b) Das Kino hat insgesamt 500 Plätze, die alle ausverkauft sind. Davon sind 150 Logenplätze.
Welche Geldsumme hat das Kino bei diesem Film eingenommen?

4.3 Packen, Laden

Beim Packen und Laden kommt es immer auf das Gewicht an. Du musst in Kilogramm oder in Gramm rechnen.

Beispiel
Ein Zementsack ist 50 kg schwer. Auf eine Palette können 20 Zementsäcke gestapelt werden.
a) Ein Gabelstapler kann 4 t heben.
Wie viele Paletten können auf einmal gehoben werden?
b) Auf einem Lkw mit 7,5 Tonnen Ladegewicht befinden sich bereits 2 Paletten.
Wie viele Paletten können noch geladen werden?

Lösung:
Man rechnet in kg.
a) $4\,000\text{ kg} : (20 \cdot 50\text{ kg}) = 4\,000\text{ kg} : 1\,000\text{ kg} = 4$
Der Gabelstapler kann 4 Paletten heben.

b) 7 500 kg − 2 · 1 000 kg = 5 500 kg
    5 500 kg : 1 000 kg = 5 Rest 500

Der Lkw kann noch 5 Paletten laden.

128 Ein Auto hat ein Leergewicht von 1 130 kg. Das zulässige Gesamtgewicht beträgt 1 680 kg. Der Pkw verfügt über eine Anhängerkupplung. Die zulässige Anhängerlast beträgt bei einem Anhänger ohne Bremse 550 kg.

a) Der Fahrer wiegt 80 kg. Zwei weitere Personen sind zusammen 45 kg schwerer als der Fahrer.
    Wie viele kg Gepäck können mitgenommen werden?

b) Bei einer Polizeikontrolle wird der Anhänger gewogen. Um weiterfahren zu können, müssen 5 Kisten Obst zu je 22 kg abgeladen werden.
    Um wie viele kg war der Anhänger überladen?
    Wie viele Kisten befinden sich jetzt noch auf dem Anhänger?

c) Für 1 kg Äpfel bekommt der Fahrer 2 €.
    Was verdient er an der Fahrt?
    Welchen Verlust hat er erlitten?

129 Ein Aufzug ist für 600 kg zugelassen. Im Parterre steigen 2 Personen in den leeren Aufzug ein, die zusammen 165 kg wiegen. Im ersten Stock steigen weitere Personen zu, sodass der Fahrstuhl nun die dreifache Last zu tragen hat.
Welches Gewicht dürfen Peter und Paul haben, um auch noch zusteigen zu dürfen?

130 Eine Abfüllanlage schafft in einer Minute 96 Getränkeflaschen. Eine Kiste enthält 12 Getränkeflaschen und hat ein Gewicht von 20 kg.

a) Wie viele Getränkeflaschen werden in einer Stunde produziert und wie viele Getränkekisten kann man damit füllen?

b) Wie viele Kisten können auf einen Lkw mit 7,5 Tonnen Ladegewicht verladen werden?

131 In einem Lager müssen Paletten neu sortiert werden. Eine Palette wiegt 2 Zentner. Ein Gabelstapler kann 5 Paletten auf einmal aufnehmen.

a) Wie oft muss der Gabelstapler fahren, wenn im Lager 5 575 Paletten stehen?
    Wie viel Tonnen wiegen die Paletten?

b) Wie lange dauert die Neusortierung, wenn die Staplerfahrerin in einer Schicht 223 Fahrten schafft?

4.4 Zeitdauer, Arbeitszeit und Lohn

Denke immer daran, dass du Zeitpunkt und Zeitspanne auseinanderhalten musst.

Beispiele

1. Ein Handballspiel beginnt um 15.00 Uhr. Die erste dreißigminütige Halbzeit wird wegen Unterbrechungen um 12 min verlängert. Die Spieler können sich in der Pause 10 min ausruhen. Nach der zweiten Halbzeit steht es immer noch unentschieden und das Siebenmeterschießen muss entscheiden. Genau eine Viertelstunde später steht der Sieger fest.

Um wie viel Uhr ist das Spiel zu Ende?

Lösung:
Man rechnet in Minuten.
(30 min + 12 min + 10 min + 30 min + 15 min) = 97 min
Die Spieldauer beträgt mit Pausen insgesamt 97 min (1 h 37 min).
Das Spiel ist um 16.37 Uhr zu Ende.

2. a) Wie viele Stunden arbeitet eine Angestellte bei 22 Werktagen im Monat, wenn sie immer von 7.30 Uhr bis 17 Uhr arbeitet und pro Tag 1,5 h Pause hat?

b) Welchen Bruttolohn erhält die Angestellte, wenn die Stunde mit 9 € vergütet wird?

Lösung:

a) $(9,5\,h - 1,5\,h) \cdot 22 = 8\,h \cdot 22 = 176\,h$

Die Angestellte arbeitet im Monat 176 h.

b) $176 \cdot 9\,€ = 1\,584\,€$

Die Angestellte verdient im Monat 1 584 € brutto.

132 In den Alpen wird ein neuer Tunnel gebaut. Insgesamt müssen 6 500 m überwunden werden. Die Arbeiterinnen und Arbeiter graben von beiden Seiten und schaffen täglich von jeder Seite 250 m.
Nach wie vielen Tagen treffen sie sich in der Mitte?

133 Eine Flasche Hustensaft hat 0,1 ℓ Inhalt.
Wie lange reicht eine Flasche, wenn Nia täglich 0,5 *cℓ* einnehmen muss?

134   Ein Heizöltank fasst 3 000 ℓ. In einem harten Winter werden je Tag 1,5 $h\ell$ Öl verbrannt.
Wie viele Tage kann so geheizt werden, wenn der Händler bei einer Restmenge von 300 ℓ Heizöl angerufen werden muss?

135   In der Raumstation ISS leben die Astronautinnen und Astronauten oft über mehrere Monate.

   a)   Wie viele Tage war ein Astronaut auf der ISS, wenn er nach 840 Stunden auf die Erde zurückkehrt?

   b)   Wann kehrt er zurück, wenn er am 6. August um 12.00 Uhr gestartet ist?

136   Die Arbeiterinnen und Arbeiter einer kleinen Diamantmine bekommen wöchentlich ihren Lohn, insgesamt 5 400 €. Der Stundenlohn beträgt 9 €. Wie viele Arbeiterinnen und Arbeiter hat die Diamantmine, wenn jeder 10 Stunden am Tag und 5 Tage pro Woche arbeitet?

137   Eine Baugrube läuft mit Wasser voll. Sie fasst 103 500 ℓ.

   a)   Wie viele Minuten dauert es, bis die Baugrube mit Wasser vollgelaufen ist, wenn in einer halben Stunde 69 000 ℓ hineinfließen?

   b)   Eine Pumpe schafft 34 500 ℓ in der Stunde.
In wie vielen Stunden ist die Baugrube leer gepumpt?

138   Eine Samstagabendshow beginnt um 20.15 Uhr. Während der Show kommt es zu Verzögerungen von 7 min und 12 min. Die Laufzeit der Sendung beträgt einein-halb Stunden.
Wann kann die nachfolgende Sendung beginnen?

139   Eine Geschäftsführerin verdient bei 220 Arbeitsstunden im Monat 6 600 € brutto.
Ein Informatiker verdient bei 180 geleisteten Arbeitsstunden 4 500 € brutto.
Eine Angestellte verdient im Monat bei 140 geleisteten Arbeitsstunden 2 800 € brutto.
Wer verdient am besten?

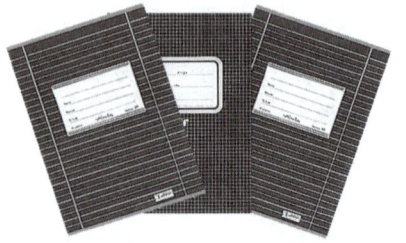

4.5 Einfache Dreisatzaufgaben

3 Schulhefte kosten 90 ct.
Wie viel kosten 5 Schulhefte?

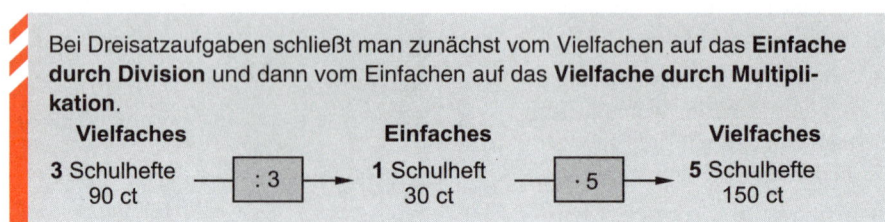

Bei Dreisatzaufgaben schließt man zunächst vom Vielfachen auf das **Einfache durch Division** und dann vom Einfachen auf das **Vielfache durch Multiplikation**.

Vielfaches		**Einfaches**		**Vielfaches**
3 Schulhefte 90 ct	: 3	**1** Schulheft 30 ct	· 5	**5** Schulhefte 150 ct

Beispiele

1. Wie viel kosten **7 kg** Weintrauben, wenn **2 kg** 3,5 € kosten?

Lösung:
Kosten für **1 kg**: 350 ct : 2 = 175 ct
Kosten für **7 kg**: 175 ct · 7 = 1 225 ct = 12,25 €
7 kg Weintrauben kosten bei einem Kilopreis von 1,75 € genau 12,25 €.

2. 300 g Käse kosten 6 €. Wie viel kosten dann **800 g** dieser Käsesorte?

Lösung:
Du kannst Rechenvorteile nutzen, wenn du das „Einfache" geschickt wählst. Wähle hier als „Einfaches" **100**, da 3 · **100** = 300 und 8 · **100** = 800 ist.
Kosten für **100 g**: 6 € : 3 = 2 €
Kosten für **800 g**: 2 € · 8 = 16 €
800 g dieser Käsesorte kosten 16 €.

140 4 kg Rindfleisch kosten 44,60 €.
Wie viel muss Herr Geier für 3 kg Rindfleisch bezahlen?

141 In einem Fliesengeschäft werden 90 Fliesen zu 180 € angeboten.
Wie viel muss Frau Bädermann für 130 Fliesen bezahlen?

142 Welches Angebot ist das günstigere, wenn man 10 kg Äpfel kaufen möchte?

143 Ein Pkw verbraucht 4 Liter Benzin, um 60 km fahren zu können.

a) Wie viele km kann der Pkw mit einer Tankfüllung von 23 Litern Benzin zurücklegen?

b) Wie viele Liter Benzin braucht der Pkw für 300 km?

144 Ein Radfahrer legt in 3 h eine Strecke von 90 km zurück.

a) Mit welcher Geschwindigkeit fährt der Radfahrer?

b) Wie weit fährt er bei konstanter Geschwindigkeit in 5 h?

c) Der Radfahrer fährt um 8.15 Uhr los.
Zu welchem Zeitpunkt hat er eine Strecke von 70 km zurückgelegt?

Teilbarkeit natürlicher Zahlen

1 Teiler und Vielfache

1.1 Teiler und Teilmengen

Die Frage „Wer bekommt wie viel?" hat
sich jeder schon einmal gestellt.
Wann erhält jeder die gleiche Menge an
Gummibärchen, wenn diese aufgeteilt werden?

> Wenn a und b natürliche Zahlen sind und bei der **Division a : b kein Rest**
> übrig bleibt, so ist **a durch b teilbar** oder **b ist ein Teiler von a.**
> b | a, lies: b **ist ein Teiler von** a
> b ∤ a, lies: b **ist kein Teiler von** a

Beispiele

1. 3 | 27, weil   27 : 3 = 9
2 | 44, weil   44 : 2 = 22
5 ∤ 12, weil   12 : 5 = 2 Rest 2

2. In einem Ferienlager findet ein Mannschaftswettbewerb statt. Dazu müssen die **24 Kinder** in **gleich große Gruppen** aufgeteilt werden.
Welche Möglichkeiten ergeben sich?

Lösung:
Bei der Division der Zahl 24 durch eine natürliche Zahl darf kein Rest übrig bleiben.
Mögliche Lösungen:

24 : **1** = 24   1 Gruppe mit 24 Kindern
24 : **2** = 12   2 Gruppen mit 12 Kindern
24 : **3** = 8   3 Gruppen mit 8 Kindern
24 : **4** = 6   4 Gruppen mit 6 Kindern
24 : **6** = 4   6 Gruppen mit 4 Kindern
24 : **8** = 3   8 Gruppen mit 3 Kindern
24 : **12** = 2   12 Gruppen mit 2 Kindern
24 : **24** = 1   24 Gruppen mit 1 Kind

⇒ 1 | 24; 2 | 24; 3 | 24; 4 | 24; 6 | 24; 8 | 24; 12 | 24; 24 | 24

> Die Menge der Teiler einer Zahl a ∈ ℕ heißt **Teilermenge T_a**.

spiele

1. $T_{24} = \{1; 2; 3; 4; 6; 8; 12; 24\}$ oder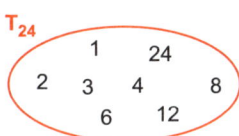

2. $T_6 = \{1; 2; 3; 6\}$

3. $T_{15} = \{1; 3; 5; 15\}$

145 Setze das richtige Zeichen (| oder ∤) ein.

a) 4 ▮ 23

b) 3 ▮ 35

c) 12 ▮ 144

d) 7 ▮ 42

e) 10 ▮ 1 100

f) 24 ▮ 2 345

146 Welche natürlichen Zahlen zwischen 5 und 30 sind

a) durch 2 teilbar?

b) durch 4 teilbar?

c) durch 6 teilbar?

d) durch 3 teilbar?

147 Bestimme die folgenden Teilermengen.

a) T_{10}

b) T_{30}

c) T_{60}

d) T_{92}

e) T_{36}

f) T_{20}

148 Ergänze die Mengendiagramme mit möglichst wenigen Zahlen zu einer Teilermenge.

a)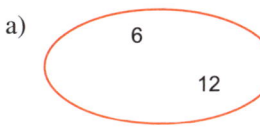

b)

c)

d)

149 Eine Tanzgruppe besteht aus 100 Personen. Sie üben verschiedene Rechtecksformationen ein.
Wie viele verschiedene Möglichkeiten ergeben sich?

150 Vor der Achterbahn stehen bereits 52 Personen an. Das Fahrgeschäft besteht aus 9 Sitzreihen für jeweils 2 Personen.
Nach wie vielen Fahrten ist Jana an der Reihe, wenn sie sich als nächste anstellt?

151 Hubert möchte seine kleine Terrasse fliesen. Sie ist 1,8 m lang und 1,2 m breit. Im Baumarkt gibt es Fliesen mit 20 cm und 35 cm Kantenlänge.
Welche Fliesen muss er kaufen, wenn er nur ganze Platten legen möchte?

152 Ein Haus mit 120 m^2 Außenfläche soll verputzt werden. Für den Spritzputz werden Zementsäcke von je 50 kg gekauft und der Zement wird in eine Maschine gegeben.

a) Wie viele Zementsäcke werden benötigt, wenn für 1 m^2 3 Zementsäcke benötigt werden?

b) Wie viele Zementsäcke liegen auf einer Palette, wenn 18 Paletten geliefert wurden?

c) Wie oft musste ein Lkw mit einer Ladekapazität von 5 Tonnen fahren, um die Paletten anzuliefern?

1.2 Vielfache und Vielfachenmengen

Alle Vielfachen einer Zahl a ∈ ℕ lassen sich in einer Menge, der **Vielfachenmenge V$_a$**, zusammenfassen.

Beispiele

1. $V_7 = \{7; 14; 21; 28; 35; …\}$ (Vielfachenmenge von 7)
$V_6 = \{6; 12; 18; 24; 30; …\}$ (Vielfachenmenge von 6)

2. Ist die Aussage wahr (**w**) oder falsch (**f**)?

a) 28 ist ein Vielfaches von 7 (**w**)

b) 128 ist ein Vielfaches von 2 (**w**)

c) 72 ist ein Vielfaches von 4 (**w**)

d) 42 ist ein Vielfaches von 5 (**f**)

3. Als Tagesaufgabe hat sich die Ferienlagerleitung entschieden, einen Mannschaftswettbewerb durchzuführen. Für die 6 Gruppen mit je 4 Kindern stehen insgesamt 13 Stationen zur Verfügung, die von den Gruppen unterschiedlich belegt werden. Jede der Gruppen belegt genau die Stationen, deren Stationennummer ein Vielfaches der jeweiligen Gruppennummer ist.

Stationsplan				
Station	Gruppe 1	Gruppe 2	Gruppe 3	Gruppe 4
1	X			
2	X	X		
3	X		X	
4	X	X		X
5	X			
6	X	X	X	
7	X			
8	X	X		X
…	…	…	…	…

Welche Station erledigen alle Gruppen?

Lösung:
Bilden der Vielfachen:
Gruppe 1: $V_1 = \{1; 2; 3; 4; 5; 6; 7; 8; 9; 10; 11; \mathbf{12}; 13; …\}$
Gruppe 2: $V_2 = \{2; 4; 6; 8; 10; \mathbf{12}; …\}$
Gruppe 3: $V_3 = \{3; 6; 9; \mathbf{12}; …\}$
Gruppe 4: $V_4 = \{4; 8; \mathbf{12}; …\}$

12 ist ein **Vielfaches** der Zahlen 1, 2, 3 und 4.
Die **Station 12** erledigen alle Gruppen.

153 Schreibe die ersten 5 Elemente der folgenden Vielfachenmengen auf.

a) 8   b) 32

c) 25   d) 4

e) 15   f) 12

154 Wie viele Kaugummis können für 4,55 € aus einem Automaten gezogen werden, wenn das Stück 20 ct kostet?

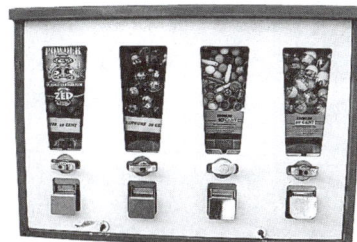

1.3 Teilbarkeit von Zahlen

Die folgenden Regeln solltest du unbedingt auswendig lernen. Viele Rechnungen
können mit ihrer Hilfe vereinfacht werden.

- Eine Zahl ist durch **2** teilbar, wenn sie auf 0, 2, 4, 6 oder 8 endet, also **gerade** ist.
- Eine Zahl ist durch **5** teilbar, wenn sie auf **0** oder **5 endet**.
- Eine Zahl ist genau dann durch eine **Stufenzahl** teilbar, wenn sie **mindestens so viele Endnullen** besitzt wie die Stufenzahl selbst.
- Eine Zahl ist durch **25** teilbar, wenn sie auf **00, 25, 50** oder **75 endet**.

Beispiele

1. a) 2 | 23 546 37**8**

   b) 2 ∤ 3 645 27**5**

2. a) 5 | 35 45**5**

   b) 5 | 453 69**0**

   c) 5 ∤ 23 45**3**

3. a) 10 | 24**0**

   b) 1 000 | 367 020 **000**

   c) 100 ∤ 5 3**60**

4. a) 25 | 1**75**

   b) 25 ∤ 3**55**

- Eine Zahl ist durch **4** teilbar, wenn sie auf **zwei Nullen endet** oder wenn die mit den **beiden letzten Ziffern** gebildete Zahl **durch 4** teilbar ist.
- Eine Zahl ist durch **8** teilbar, wenn sie auf **drei Nullen endet** oder wenn die mit den **letzten drei Ziffern** gebildete Zahl **durch 8** teilbar ist.

Beispiele

1. a) 4 | 23 5**00**

   b) 4 | 34 254 6**44**, da 44 : 4 = 11

   c) 4 ∤ 5 4**35** da 35 : 4 = 8 Rest 3

2. a) 8 | 34 **000**

   b) 8 | 5 **128**, da 128 : 8 = 16

   c) 8 ∤ 793 **457**, da 457 : 8 = 57 Rest 1

- Eine Zahl ist durch **3** teilbar, wenn ihre **Quersumme durch 3** teilbar ist.
- Eine Zahl ist durch **9** teilbar, wenn ihre **Quersumme durch 9** teilbar ist.
- Eine Zahl ist durch **6** teilbar, wenn sie **gerade und durch 3** teilbar ist.
- Die Teilbarkeit durch andere Zahlen muss jeweils durch eine Division nachgeprüft werden.

spiele

1. a) $3 \mid 4\,536$, da **QS** $= 4 + 5 + 3 + 6 = 18$ und $18 : 3 = 6$

   b) $3 \nmid 67\,823$, da **QS** $= 6 + 7 + 8 + 2 + 3 = 26$ und $26 : 3 = 8$ Rest 2

2. a) $9 \mid 1\,494$, da **QS** $= 18$ und $18 : 9 = 2$

   b) $9 \nmid 345\,268$, da **QS** $= 28$ und $28 : 9 = 3$ Rest 1

3. a) $6 \mid 4\,542$, da die Zahl **gerade** ist **und** $3 \mid 4\,542$

   b) $6 \nmid 2\,345$, da die Zahl **nicht gerade** ist.

   c) $6 \nmid 24\,716$, die Zahl ist zwar gerade, aber $3 \nmid 24\,716$

155 Kreuze an, welche Zahlen Teiler sind.

	2	3	4	5	6	8	9	10
3 642								
35 450								
718 464								

156 a) Schreibe alle Zahlen zwischen 10 und 50 auf, die durch 9 und durch 4 teilbar sind.

b) Finde eine 4-stellige Zahl, die auf 63 endet und durch 9 teilbar ist.

c) Finde die kleinste dreistellige Zahl, die durch 6 teilbar ist.

157 Ergänze die fehlenden Ziffern in den Zahlen so, dass die Zahl teilbar ist.

durch 3	374 5 ■ 5	7 ■ 9	■ 6 321	5 ■ 3 ■ 5 38
durch 4	3 5 ■	35 ■ 8 ■	3 647 8 ■ 8	4 639 ■ 0
durch 9	648 ■ 33	7 4 ■ 478 ■	321 ■ 1	■ 3 64 ■
durch 25	465 7 ■ ■	4 638 ■ 7 ■	4 6 ■ ■	4 ■ 35 ■

158 Prüfe, ob die Zahl, die man erhält, wenn man die Hälfte von 48 und das Doppelte von 25 addiert, durch 6 teilbar ist.

159 Prüfe, ob die Zahl, die man erhält, wenn man zum Dreifachen von 15 noch 20 addiert, durch 5 teilbar ist.

160 Es ist Ostern. Marita findet ein Osternest, in dem 12 Eier liegen. Sigmund findet 2 Osternester mit insgesamt 36 Eiern. Martin findet 6 Eier.
Können die Eier auf alle drei Kinder gerecht aufgeteilt werden?

161 Um in den Forschungsbereich der NASA zu gelangen, muss ein Sicherheitscode eingegeben werden. Der Code besteht aus vier Zahlen. Diese müssen der Reihe nach, beginnend mit der kleinsten, eingegeben werden. Die einzugebenden Zahlen sind durch 6 teilbar.
Finde den Sicherheitscode heraus:
62 349, 1 200, 84, 762,
132, 53 727, 130, 352

162 Ein Jahr hat 365 Tage. Genau genommen sind es aber etwa 365,25 Tage. Um diese Ungenauigkeit auszugleichen, führte der Papst Gregor XIII. das Schaltjahr ein. Alle 4 Jahre hat man so einen Tag mehr, den 29. Februar. Im seitdem gebräuchlichen gregorianischen Kalender sind genau die Jahre Schaltjahre, deren Jahreszahl durch 4 teilbar ist. Ausgenommen davon sind die Hunderterzahlen, die nicht durch 400 teilbar sind (z. B. 1900).

a) Welche der folgenden Jahre waren Schaltjahre?
   1672; 1736; 1745; 1891; 1980

b) In welchen Jahren von 2003 bis 2050 wird es den 29. Februar geben?

2 Primzahlen und Primfaktorzerlegung

2.1 Primzahlen

„Primzahl" heißt übersetzt „erste Zahl".

> **Primzahlen** sind natürliche Zahlen **größer 1**, die **nur durch 1 und sich selbst teilbar** sind, also nur zwei Teiler besitzen. Es gibt **unendlich viele** Primzahlen.

Beispiel

Mit dem **Sieb des Eratosthenes** lassen sich Primzahlen aus beliebigen Zahlenmengen filtern. Im Folgenden ist die Zahlenmenge von 1 bis 100 dargestellt.

1	2	3	4	5	6	7	8	9	10
11	12	13	14	15	16	17	18	19	20
21	22	23	24	25	26	27	28	29	30
31	32	33	34	35	36	37	38	39	40
41	42	43	44	45	46	47	48	49	50
51	52	53	54	55	56	57	58	59	60
61	62	63	64	65	66	67	68	69	70
71	72	73	74	75	76	77	78	79	80
81	82	83	84	85	86	87	88	89	90
91	92	93	94	95	96	97	98	99	100

Streiche die Vielfachen von 2, 3, 5 und 7. Lasse die Zahlen selbst stehen.

| durch 2 teilbar
— durch 3 teilbar
/ durch 5 teilbar
\ durch 7 teilbar

Lösung:

| durch 2 teilbar
— durch 3 teilbar
/ durch 5 teilbar
\ durch 7 teilbar

Die eingekreisten Zahlen sind alle Primzahlen bis 100.

Wenn du wissen willst, ob eine Zahl eine Primzahl ist, gehe nach folgendem **Primzahltest** vor:

- Suche das Produkt **x · x**, dessen Produktwert gerade **größer** als die zu untersuchende Zahl ist.
- Untersuche, ob die **Primzahlen**, die **kleiner als x** sind, Teiler der zu untersuchenden Zahl sind.

Beispiel   Untersuche, ob **341** eine Primzahl ist.

Lösung:
$18 \cdot 18 = 324$, aber **$19 \cdot 19 = 361$** > 341
$\Rightarrow$ Untersuchung der Primzahlen bis **17**:
$2 \nmid 341$, $3 \nmid 341$, $5 \nmid 341$, $7 \nmid 341$, **$11 \mid 341$**, $13 \nmid 341$, $17 \nmid 341$,
$\Rightarrow$ Die Zahl 341 hat mehr als zwei Teiler (1, **11**, **31**, 341) und ist somit keine Primzahl.

163   Überprüfe, ob die Zahl eine Primzahl ist.

a) 91   b) 253

c) 327   d) 67

164   Welches Tier entsteht, wenn die Felder mit Primzahlen ausgemalt werden?

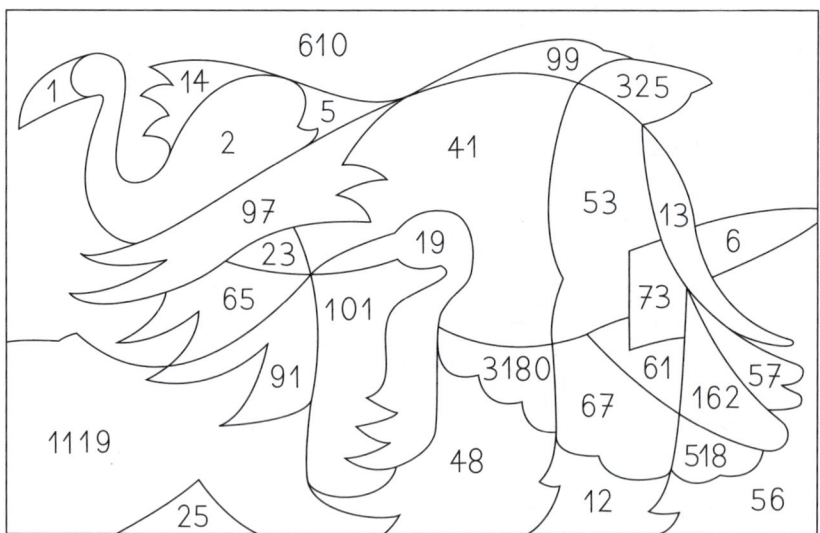

2.2 Primfaktorzerlegung

Mithilfe der Primzahlen kannst du alle Zahlen darstellen.

Natürliche Zahlen mit mehr als zwei Teilern heißen **zusammengesetzte Zahlen**. Zu jeder zusammengesetzten Zahl gibt es **genau eine Primfaktorzerlegung**, ein **aus Primzahlen bestehendes Produkt.**

eispiel   Zerlege die Zahl 136 in ein **Produkt**, bestehend aus **Primfaktoren**.

Lösung:
$136 = 2 \cdot 68 = 2 \cdot 2 \cdot 34 = \mathbf{2 \cdot 2 \cdot 2 \cdot 17}$
Kürzer: $136 = 2^3 \cdot 17$

Wenn man die Primfaktoren der Primfaktorzerlegung miteinander multipliziert, so erhält man **alle Teiler** der zerlegten Zahl neben der Zahl 1 und den gefundenen Primfaktoren.

eispiel   Finde die **Teilermenge** der Zahl 136.

Lösung:

Primfaktorzerlegung: $136 = 2^3 \cdot \mathbf{17}$
weitere Teiler:
$2 \cdot 2 = \mathbf{4}$
$2 \cdot 2 \cdot 2 = \mathbf{8}$
$2 \cdot 17 = \mathbf{34}$
$2 \cdot 2 \cdot 17 = \mathbf{68}$
$2 \cdot 2 \cdot 2 \cdot 17 = \mathbf{136}$

$T_{136} = \{\mathbf{1; 2; 4; 8; 17; 34; 68; 136}\}$

165   Zerlege in Primfaktoren, benutze die Potenzschreibweise.

a) 32

b) 124

c) 666

d) 212

166   Bestimme mithilfe der Primfaktorzerlegung die Teilermenge der folgenden zusammengesetzten Zahlen.

a) 78

b) 135

c) 256

d) 442

3   Größter gemeinsamer Teiler (ggT) und kleinstes gemeinsames Vielfaches (kgV)

3.1 Gemeinsame Teiler und ggT

> Die größte Zahl, die in mehreren Zahlen ohne Rest enthalten ist, heißt der **größte gemeinsame Teiler (ggT)** dieser Zahlen.

Beispiele

1. In einer Sägerei sollen 2 Fichten-stämme in gleich lange Stücke zersägt werden, wobei möglichst lange Stücke entstehen sollen. Wie lang können die Holzstücke sein und wie viele Stücke sind es? Länge: 42 m; Länge: 60 m

Lösung:

$42 = 2 \cdot 3 \cdot 7 \quad \Rightarrow T_{42} = \{1; 2; 3; 6; 7; 14; 21; 42\}$
$60 = 2 \cdot 2 \cdot 3 \cdot 5 \quad \Rightarrow T_{60} = \{1; 2; 3; 4; 5; 6; 10; 12; 15; 20; 30; 60\}$

Bilde die **Schnittmenge** der beiden Teilermengen.

$T_{42} \cap T_{60} = \{1; 2; 3; 6\}$

Das größte Element der Schnittmenge ist **6**, also ist
ggT(42; 60) = 6

Berechne die **Anzahl** der Holzstücke:
$42 : 6 = 7$ und $60 : 6 = 10$
$7 + 10 = 17$

Aus den beiden Fichtenstämmen können 17 gleich lange Stücke gesägt werden, die möglichst lang sind, und zwar 6 m lang.

2. Ermittle den ggT(16; 24).

Lösung:

$16 = 2 \cdot 2 \cdot 2 \cdot 2 \quad \Rightarrow T_{16} = \{1; 2; 4; 8; 16\}$
$24 = 2 \cdot 2 \cdot 2 \cdot 3 \quad \Rightarrow T_{24} = \{1; 2; 3; 4; 6; 8; 12; 24\}$

$T_{16} \cap T_{24} = \{1; 2; 4; 8\}$

ggT(16; 24) = 8

Die Zahlen a und b heißen **teilerfremd**, wenn der **ggT** der beiden Zahlen 1 ist.

eispiel

Ermittle den ggT(3; 8).

$\left.\begin{array}{l} T_3 = \{1;\ 3\} \\ T_8 = \{1;\ 2;\ 4;\ 8\} \end{array}\right\}$ $T_3 \cap T_8 = \{1\}$ $\Rightarrow$ ggT$\{3;\ 8\} = 1$ (teilerfremd)

 Ist eine Zahl a ein Teiler der Zahl b, ist a auch der ggT (a; b).
a | b $\Rightarrow$ ggT(a; b) = a

Die Teilermenge von a ist dann auch eine Teilmenge der Teilermenge von b, $T_a \subset T_b$.

eispiel

a = 3 und b = 6 $\Rightarrow$ **3 | 6**

$\left.\begin{array}{l} T_3 = \{1;\ \mathbf{3}\} \\ T_6 = \{1;\ 2;\ \mathbf{3};\ 6\} \end{array}\right\}$ $T_3 \cap T_6 = \{1;\ \mathbf{3}\}$ $\Rightarrow$ ggT$\{3;\ 6\} = \mathbf{3}$

Schwieriger wird es, den ggT über die Schnittmenge zu ermitteln, wenn die Zahlen größer sind. Aber mit deinem Wissen machst du das mit links.

Haben Zahlen **gemeinsame Primfaktoren**, so ist der **ggT** das **Produkt der gemeinsamen Primfaktoren**, wobei mehrfach auftretende gemeinsame Primfaktoren auch mehrfach gezählt werden.

ispiele

1. Bestimme den ggT(460; 138).

Lösung:
Ermittle die Primfaktorzerlegungen in einer Nebenrechnung und schreibe gleiche Primfaktoren untereinander.

$$460 = \mathbf{2} \cdot 2 \qquad \cdot 5 \cdot \mathbf{23}$$
$$138 = \mathbf{2} \qquad \cdot 3 \qquad \cdot \mathbf{23}$$
$$\overline{\text{ggT} = \mathbf{2} \qquad\qquad \cdot \mathbf{23}} = 46 \Rightarrow \text{ggT}(460;\ 138) = 46$$

2. Bestimme den ggT(36; 342; 288).

$$36 = \mathbf{2} \cdot 2 \qquad\qquad \cdot \mathbf{3} \cdot \mathbf{3}$$
$$342 = \mathbf{2} \qquad\qquad\qquad \cdot \mathbf{3} \cdot \mathbf{3} \cdot 19$$
$$288 = \mathbf{2} \cdot 2 \cdot 2 \cdot 2 \cdot 2 \cdot \mathbf{3} \cdot \mathbf{3}$$
$$\overline{\text{ggT} = \mathbf{2} \qquad\qquad\qquad \cdot \mathbf{3} \cdot \mathbf{3}} = 18 \Rightarrow \text{ggT}(36;\ 342;\ 288) = 18$$

167 Bestimme den ggT mithilfe von Primfaktorzerlegungen.

a) ggT(38; 72) b) ggT(24; 84)

c) ggT(12; 64) d) ggT(20; 65; 117)

e) ggT(70; 156; 324) f) ggT(20; 30; 180)

g) ggT(36; 48) h) ggT(10; 15; 30; 50)

168 Zwei Stahlrohre sollen in möglichst große, gleich lange Stücke zersägt werden. Die Länge beträgt 320 cm und 180 cm.
Wie lang sind die Stücke und wie viele Stücke erhält man?

169 Ein Park soll neu gestaltet werden. Dazu werden Bäume in gleichen Abständen gepflanzt und Blumenbeete angelegt. Am Anfang eines jeden Weges sollen dabei auf beiden Seiten Bäume stehen. In der Zeichnung erkennst du die Ausmaße der Anlage.

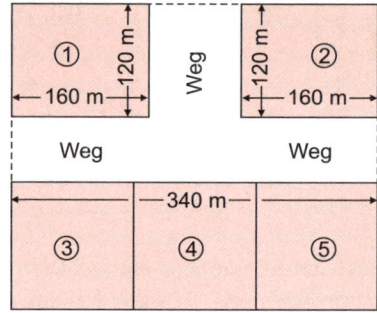

a) In welchem Abstand müssen die Bäume entlang der Wegbegrenzungen gepflanzt werden, damit man möglichst wenige kaufen muss?

b) Wie viele Bäume müssen gekauft werden?

c) Man hat Geld für 1 500 Rosen, 860 Tulpen und 645 Stiefmütterchen. Auf den rot gekennzeichneten Flächen soll jeweils die gleiche Anzahl von Blumen gepflanzt werden (jeweils Rosen, Tulpen und Stiefmütterchen). Können alle 5 Flächen mit der gleichen Anzahl bepflanzt werden?

d) Wie viele Rosen, Tulpen und Stiefmütterchen können je Fläche gepflanzt werden?

170 Herr Mayer möchte seine Terrasse mit möglichst großen quadratischen Fliesen auslegen, die er nicht zerteilen möchte. Die Terrasse ist 2,34 m lang und 1,08 m breit.

a) Welche Seitenlänge müssen die Fliesen besitzen?

b) Wie viele Fliesen muss Herr Mayer kaufen?

3.2 Gemeinsame Vielfache und kgV

Das **kleinste gemeinsame Vielfache kgV(a; b)** ist die kleinste Zahl, in der beide Zahlen a und b ohne Rest enthalten sind.

Beispiel

Ermittle das $kgV(3; 7)$.

Lösung:
$V_3 = \{3; 6; 9; 12; 15; 18;$ **21**$; 24; 27; 30; 33; 36; 39;$ **42**$; 45 \ldots\}$
$V_7 = \{7; 14;$ **21**$; 28; 35;$ **42**$; 49 \ldots\}$
Bilde die **Schnittmenge** der beiden Vielfachenmengen.
$V_3 \cap V_7 = \{$**21**$; 42; 63; 84; \ldots\}$
Das **kleinste Element** der Schnittmenge ist **21**, also ist $\mathbf{kgV(3; 7) = 21}$.

Ist eine Zahl a ein Teiler der Zahl b, ist b auch das kgV(a; b).
a | b $\Rightarrow$ kgV(a; b) = b

Beispiel

$a = 3$ und $b = 6 \Rightarrow$ **3 | 6**
$V_3 = \{3;$ **6**$; 9; 12; \ldots\}$
$V_6 = \{$**6**$; 12; 18; 24; \ldots\}$
$V_3 \cap V_6 = \{$**6**$; 12; 18; 24; \ldots\} \Rightarrow$ **kgV(3; 6) = 6**

Sind die Zahlen größer, bestimmt man das kgV mithilfe der Primfaktorzerlegung.

Das **kgV** mehrerer Zahlen ist das **Produkt aller vorkommenden Primfaktoren**, wobei mehrfach auftretende Primfaktoren **mit ihrer längsten Kette** gezählt werden.

Beispiele

1. Bestimme das $kgV(98; 196)$.

Lösung:
Ermittle die Primfaktorzerlegungen in einer Nebenrechnung und schreibe gleiche Primfaktoren untereinander.

$98 = $ **2** $\quad\quad \cdot$ **7** $\cdot$ **7**
$196 = $ **2** $\cdot$ **2** $\cdot$ **7** $\cdot$ **7**

$kgV = $ **2** $\cdot$ **2** $\cdot$ **7** $\cdot$ **7** $= 196 \Rightarrow kgV(98; 196) = 196$

2. Bestimme das kgV(112; 432; 84).

Lösung:

$$112 = 2 \cdot 2 \cdot 2 \cdot 2 \qquad\qquad\quad \cdot 7$$
$$432 = 2 \cdot 2 \cdot 2 \cdot 2 \cdot 3 \cdot 3 \cdot 3$$
$$84 = 2 \cdot 2 \qquad\quad \cdot 3 \qquad\quad \cdot 7$$

$$\text{kgV} = 2 \cdot 2 \cdot 2 \cdot 2 \cdot 3 \cdot 3 \cdot 3 \cdot 7 = 3\,024 \implies \text{kgV}(112; 432; 84) = 3\,024$$

171 Bestimme das kgV durch Primfaktorzerlegung.

a) kgV(6; 15)
b) kgV(12; 18)
c) kgV(36; 92)
d) kgV(30; 35; 60)
e) kgV(14; 24; 51)
f) kgV (52; 122)
g) kgV(14; 20)
h) kgV(35; 40)

172 Eine Familie geht spazieren. Der Vater hat mit 90 cm einen doppelt so großen Schritt wie sein Sohn. Die Mutter legt mit einem Schritt 15 cm weniger Weglänge zurück als ihr Mann.
Nach wie vielen gelaufenen Metern treten alle drei wieder im Gleichschritt auf, wenn alle gleichzeitig losgelaufen sind?

173 Auf einer Küchenrolle findet man auf jedem 4. Blatt ein lustiges Motiv. Gregor reißt immer 3 Blatt auf einmal ab, Phillip je 5 Blatt und Susanne je 6 Blatt.
Bei welchem Blatt finden alle ein lustiges Motiv?

174 Emma und ihre beiden Freunde skaten konstant um einen Badesee.
Der schnellste der Freunde benötigt für eine Runde 18 min, der langsamste 24 min und Emma benötigt 20 min. Wie viele Runden müssen die drei jeweils fahren, damit alle zur gleichen Zeit wieder am Start ankommen?

175 Die Busfahrer Klaus und Hans fahren gemeinsam von der Haltestelle los. Klaus hat eine Tour von 45 min. Hans hat eine Tour, die 1 h dauert.
Wann treffen sich beide an der Haltestelle wieder?

Geometrische Grundformen und geometrische Grundbegriffe

1 Grundformen

1.1 Punkt, Strecke, Halbgerade und Gerade

Ein **Punkt** ist die kleinste geometrische Grund-
form und Grundlage für alle anderen Formen.
Punkte werden als **Kreuze** oder **Kreise** dargestellt und mit **Großbuchstaben** bezeichnet.

Eine **Strecke** $\overline{AB}$ wird durch **zwei Punkte**
begrenzt. Die **kürzeste Verbindung** zweier
Punkte ist die **Strecke**. Ihre Länge wird mit
$\left|\,\overline{AB}\,\right|$ bezeichnet.

Eine **Halbgerade [AB** wird durch **einen Punkt**
begrenzt.
Der Begrenzungspunkt wird immer zuerst geschrieben: Rechts siehst du **Halbgerade [BA**.

Eine **Gerade AB** ist **nach beiden Seiten** hin
unbegrenzt, ist aber durch zwei Punkte eindeutig bestimmt. Geraden werden auch mit
kleinen Buchstaben bezeichnet: **AB = g**

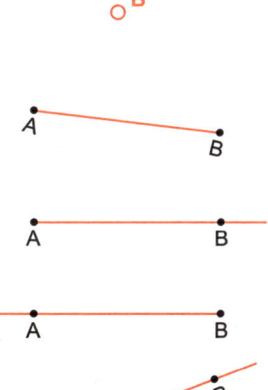

Schreibweisen:

A ∉ s   A ist **kein Element** der Geraden s
C ∈ t   C ist **ein Element** der Geraden t
s ∩ t = {B}   B ist **Schnittpunkt** der Geraden s und t

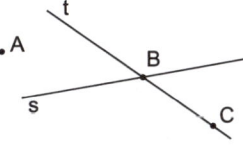

176   Zeichne die Gerade AB, die Strecke $\overline{BC}$ und die Halbgerade [DA.

A •

• B

• C

• D

1.2 Lage von Geraden

Hier siehst du ein Blatt Papier, das einmal
längs und einmal quer gefaltet wurde.

Zwei Geraden g und h heißen zueinander **senkrecht**
(kurz: **g ⊥ h**), wenn ihre Linien wie die beiden Faltachsen verlaufen.

Zeichen für senkrecht: ⌐

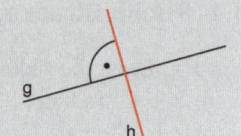

Dieses Blatt Papier wurde zweimal längs gefaltet.

Zwei Geraden s und t heißen zueinander
parallel (kurz: **s ∥ t**), wenn ihre Linien wie
die beiden Faltachsen verlaufen. Die Paral-
lelität zweier Geraden kann auch mit dem
Parallelenaxiom nachgewiesen werden:
Zwei Geraden s und t heißen zueinander
parallel, wenn sie zu einer dritten Geraden p
senkrecht verlaufen.

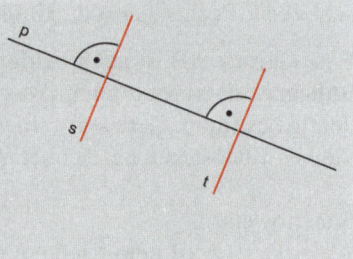

Beispiele

1. Lageplan des Flug-
   hafens München.
   s ∥ t
   p ∥ g

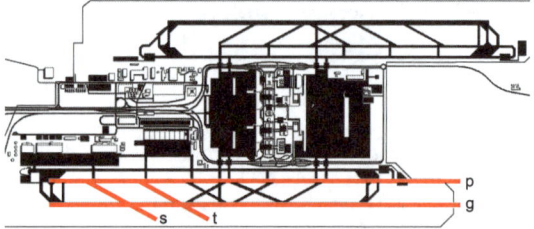

2. Auch am Geodreieck, das zum Zeichnen von Strecken und Geraden benutzt wird, findet man senkrechte und parallele Geraden.

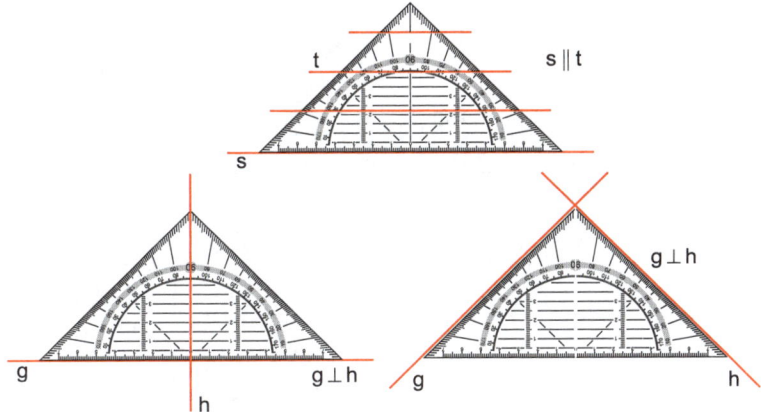

Die Gerade h heißt auch das **Lot** oder die **Lotgerade** zur Geraden g und umgekehrt.

177 Notiere in der Kurzschreibweise.

a) Die Länge der Strecke $\overline{AB}$ beträgt 5 cm.

b) Der Punkt B liegt auf der Geraden AB.

c) Der Punkt C ist kein Element der Strecke mit den Endpunkten H und G.

d) Die Gerade g steht senkrecht zur Geraden h.

e) Die Gerade g und die Gerade s sind zueinander parallel.

f) Der Punkt P ist der Schnittpunkt der Geraden h mit der Halbgeraden, die den Anfangspunkt P besitzt und durch D verläuft.

g) Die Gerade g ist zur Strecke $\overline{AB}$ parallel.

178 Welche Geraden stehen senkrecht, welche parallel zueinander?

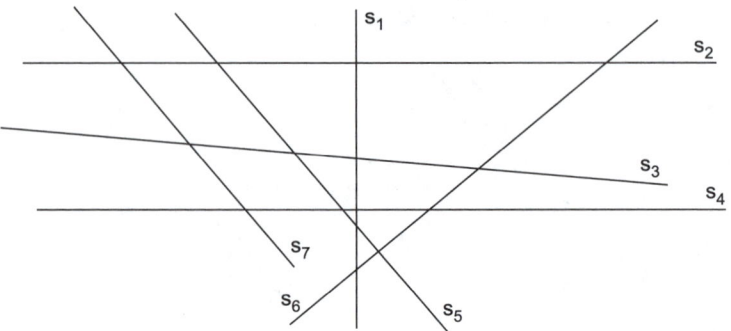

179 Ergänze die folgende Zeichnung.

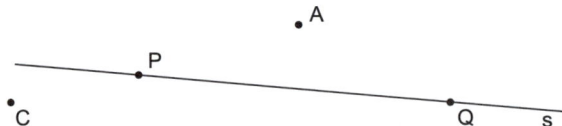

a) g mit g ⊥ s und A ∈ g

b) [CQ

c) h mit h ⊥ s und Q ∈ h

d) t mit t ∥ h und P ∈ t

180 Beschreibe mithilfe der Kurzschreibweise, wann ein Rechteck entsteht, und zeichne ein Rechteck durch die passenden Punkte.

• C

A •   • B

T •

                    • L

D •   • K

1.3 Das Koordinatensystem

Beim Schachspiel ist die Lage der Spielfiguren ein-
deutig bestimmt. Springer G5 auf H7 ist ein möglicher
Spielzug. In der Mathematik wird die Lage von
Figuren ähnlich beschrieben.

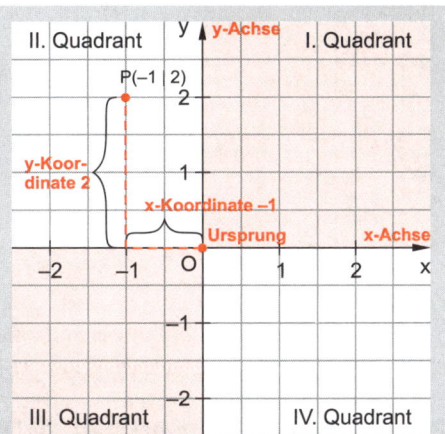

Eine waagrechte Zahlengerade
und eine senkrechte Zahlengerade,
die sich bei 0 schneiden, bilden ein
Koordinatensystem. Dieses lässt
sich in vier **Quadranten** einteilen.

Die waagrechte Achse wird als
x-Achse, die senkrechte als
y-Achse bezeichnet, ihr Schnittpunkt als **Ursprung O**.

Mithilfe eines Koordinatensystems
kann in der Zeichenebene die Lage
eines Punkts gekennzeichnet werden. Die **x-Koordinate** bestimmt
dabei seine Position bezüglich der
x-Achse, die **y-Koordinate** bezüglich der y-Achse. Das geordnete Zahlenpaar
(x | y) aus den beiden Koordinaten bestimmt also die Lage eines Punktes P.
Man schreibt: P(x | y)

Beispiel

Trage die Punkte A(–1|–2), E(–1|0), D(1|2), C(3|0) und B(3|–2) in ein
Koordinatensystem ein und verbinde die Punkte in der folgenden Reihenfolge:
AEDCEBACB.
Bestimme die Koordinaten des Schnittpunkts P der Strecken $\overline{AC}$ und $\overline{BE}$.

Lösung:

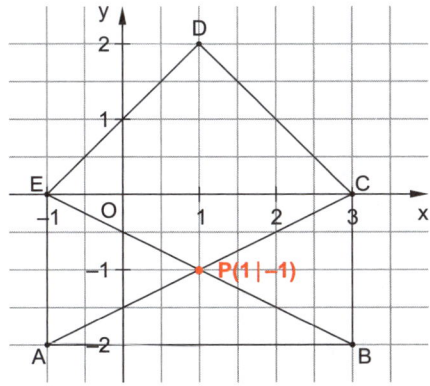

181 Bestimme die Koordinaten aller Punkte der Zeichnung.

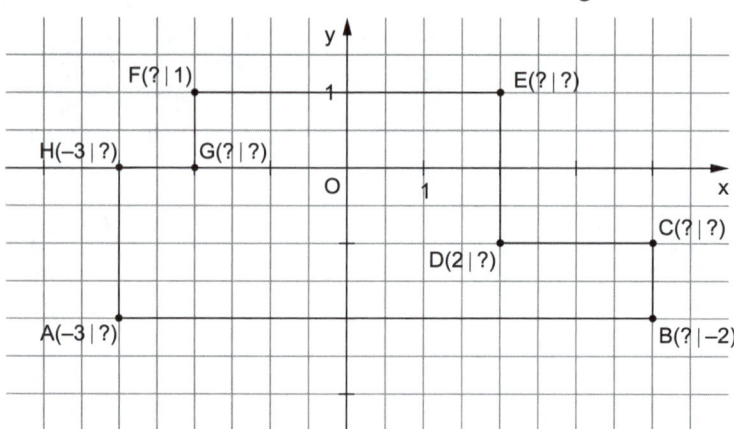

182 Zeichne die folgenden Punkte in ein Koordinatensystem ein und verbinde dann A mit B, B mit C, C mit D, D mit E und zuletzt E mit A.
A(−1|−1), B(1|2), C(3|−1), D(−2|1), E(4|1)

183 Trage die Punkte A(2|3), B(1|5), C(4|1), D(3|4) und E(6|5) in ein Koordinatensystem ein.

a) Zeichne die Strecke $\overline{BE}$.

b) Zeichne die Halbgerade [AD.

c) Zeichne die Gerade CE.

d) Zeichne die Senkrechte zur Geraden CE durch den Punkt A.

1.4 Kreis, Kreislinie und Kreissektor

Kornkreise in Getreidefeldern faszinieren viele Menschen. Von oben betrachtet haben die Kreise oft komplexe Formen, doch im Prinzip lassen sie sich recht einfach durch das Umdrücken der Getreidehalme in die gleiche Richtung erzeugen, z. B. mithilfe eines Bretts. Welches Hilfsmittel braucht man noch, damit die Kreise rund werden?

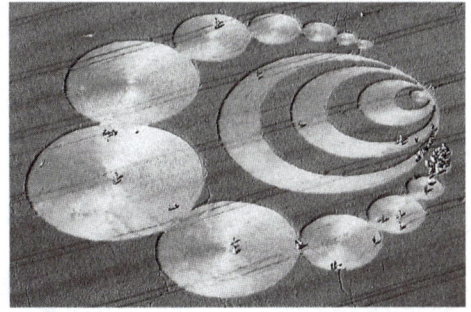

- Alle Punkte auf der **Kreislinie** eines Kreises k haben vom **Mittelpunkt M** des Kreises die **gleiche Entfernung**. Diese Strecke bezeichnet man als den **Radius r** des Kreises.
  Schreibweise: k(M; r)
  Sprechweise: Der Kreis k mit dem Mittelpunkt M und dem Radius r.

- Werden zwei Punkte auf der Kreislinie gerade verbunden und verläuft diese Strecke durch den Kreismittelpunkt M, wird diese Strecke **Durchmesser d** des Kreises genannt. Der Durchmesser d ist doppelt so groß wie der Radius r des Kreises ($d = 2 \cdot r$).

- Die Kreislinie schließt die **Kreisfläche** ein.

Beispiel

Du brauchst einen Bleistift, eine Schnur und einen Reißnagel. Befestige das eine Ende der Schnur mit dem Reißnagel auf einem Blatt Papier.
Wie kannst du dann alle Punkte finden, die vom Reißnagel höchstens eine Schnurlänge entfernt sind?

Lösung:
Befestige die Schnur mit dem freien Ende am Bleistift. Drücke mit dem Daumen auf den Reißnagel, straffe die Schnur und zeichne einen Kreis um den Reißnagel. Der entstehende Kreis hat die Schnurlänge als Radius. Also haben alle Punkte auf der Kreislinie genau eine Schnurlänge Entfernung zum Reißnagel, die restlichen Punkte der Kreisfläche sind weniger als eine Schnurlänge vom Reißnagel entfernt.

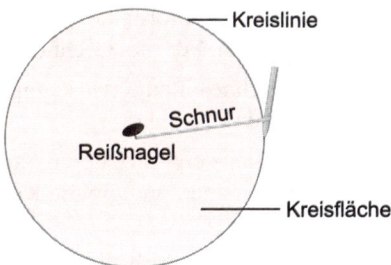

Fluglotsen überwachen den Luftraum auf Radar-
schirmen. Frühe Versionen dieser Bildschirme
waren kreisrund. Ein hell erleuchteter Kreisausschnitt zeigt bei diesen den Bereich an, in dem die
Objektpositionen zuletzt aktualisiert wurden.

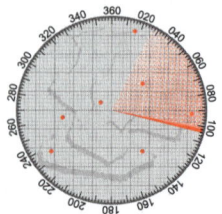

Ein Kreisausschnitt, der von zwei Radien begrenzt wird,
heißt **Kreissektor**. Zwei Radien begrenzen immer zu-
gleich zwei Kreissektoren, deren Größe durch das Maß
des **Mittelpunktswinkels μ** (sprich: mü) angegeben wird.

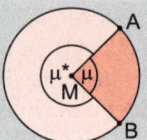

Beispiel

Zwei Radien in einem Vollkreis begrenzen zwei Kreissektoren, von denen
einer einen Mittelpunktswinkel mit dem Maß $\mu = 135°$ hat.
Welches Maß hat der Mittelpunktswinkel μ^* des anderen Kreissektors?

Lösung:
$\mu^* = 360° - \mu = 360° - 135° = 225°$

184 Von einem Kreis k mit beliebigem Mittelpunkt M ist Folgendes bekannt:
Die Punkte auf der Kreislinie sind 4 cm vom Mittelpunkt entfernt.
Zeichne den Kreis k und gib den Durchmesser d an.

185 Zeichne einen Kreis k_1 mit dem Mittelpunkt M_1 und einem Durchmesser von
$d_1 = 4$ cm. Zeichne einen weiteren Kreis k_2, von dem Folgendes bekannt ist:
Sein Mittelpunkt liegt 2 cm weiter rechts als M_1 und sein Durchmesser d_2 ist
1 cm kürzer als der Durchmesser d_1. Gib d_2 an.

186 Zeichne zweimal zwei Kreise mit jeweils einem Durchmesser von 4 cm so, dass
sie sich beim ersten Mal schneiden und beim zweiten Mal nur berühren.

187 Zeichne ein Koordinatensystem und trage die Punkte A(3│3); B(6│7); C(3│8) und
D(9│3) ein. Für die Zeichnung gilt: $x \in [0; 10]$ und $y \in [0; 10]$

a) Zeichne einen Kreis k_1 mit dem Mittelpunkt B, dessen Kreislinie durch den
Punkt C verläuft.

b) Zeichne einen weiteren Kreis k_2, der die Länge der Strecke $\overline{AD}$ als Durchmesser hat, und gib die Koordinaten des Kreismittelpunktes M an.

188 Zeichne einen Kreis mit dem Durchmesser d = 60 mm um einen beliebigen
Punkt M. Schraffiere anschließend die Fläche eines Kreissektors, dessen Mittelpunktswinkel das Maß $\mu = 80°$ hat. Welchen Mittelpunktswinkel μ^* hat der
zweite Kreissektor?

1.5 Winkel

Winkel

Zwei von einem Punkt P aus verlaufende Halbgeraden bilden einen Winkel. Der Punkt P heißt **Scheitelpunkt** und die beiden Halbgeraden heißen **Schenkel** des Winkels.

Arten von Winkeln:

spitzer Winkel
$< 90°$

rechter Winkel
$= 90°$

stumpfer Winkel
$> 90°$

gestreckter Winkel
$= 180°$

überstumpfer Winkel
$> 180°$

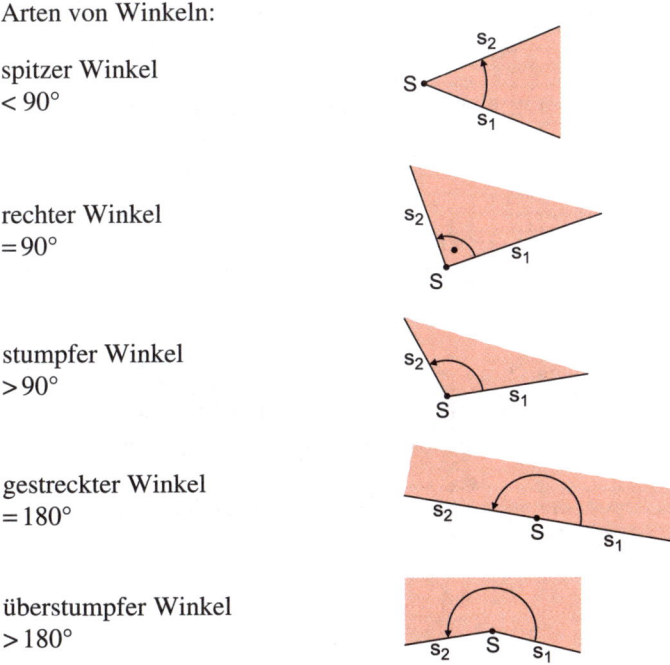

Winkel können durch drei Punkte eindeutig bezeichnet werden. Dabei musst du auf die Orientierung achten. Es ist ein Unterschied, ob der Winkel ASB oder der Winkel BSA gemeint ist.

 Die Drehrichtung von Winkeln ist immer **gegen den Uhrzeigersinn** gerichtet.

Beispiel

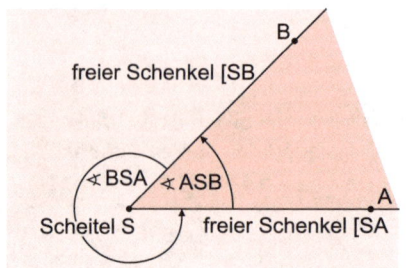

Der freie Schenkel [SA schließt mit dem freien Schenkel [SB das Winkelfeld des Winkels ASB ein.
Somit ist der Winkel BSA, wie zu erkennen ist, ein anderer.
Der Winkel ASB ergänzt sich mit dem Winkel BSA zu 360°.

189 Bezeichne die farbig markierten Winkel mithilfe der angegebenen Punkte.

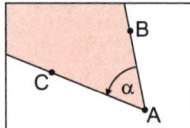 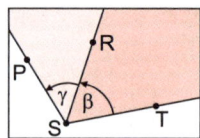 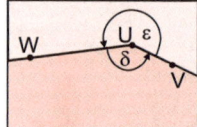

> **Wie werden Winkel gemessen?**
> • Lege den Nullpunkt der Grundseite des Geodreiecks auf den Scheitel des Winkels und beachte dabei, dass die Grundseite des Geodreiecks auf dem freien Schenkel liegt.
> • An der Stelle, an der der andere freie Schenkel die Winkelskala schneidet, kannst du das Maß des Winkels ablesen.

Beispiel

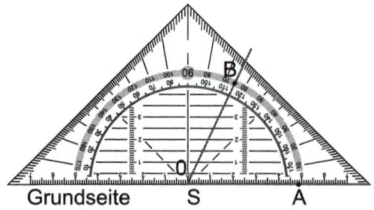

Der Winkel ASB hat in dem Bild das Maß 65°. Kurz: ∢ASB = 65°

190 Zeichne das Dreieck ABC mit A(1|2), B(7|3) und C(3|5) in ein Koordinatensystem.
Bestimme durch Messung das Maß des Winkels BAC, des Winkels ACB und des Winkels CBA.

191 Zeichne die Punkte D(1|1), E(5|1), F(5|4), G(5|8), H(1|8) und I(1|4) in ein Koordinatensystem.

Zeichne anschließend das Viereck DEGH.

Unterteile die Figur so, dass der Winkel FHG, der Winkel IFD und der Winkel EDF entstehen.

Bestimme durch Messung die Maße der genannten Winkel.

Wie werden Winkel gezeichnet?

- Zeichne einen beliebigen freien Schenkel und markiere den Scheitel des Winkels.

- Lege den Nullpunkt der Grundseite des Geodreiecks auf den Scheitel des Winkels und beachte dabei, dass die Grundseite des Geodreiecks auf dem freien Schenkel liegt.

- Markiere mithilfe der Winkelskala des Geodreiecks das gewünschte Winkelmaß.

- Zeichne nun den anderen freien Schenkel.

Beispiel Konstruktionsbeschreibung:

1. Zeichnen des freien Schenkels [SA

2. Antragen des Winkels ASB = 50°

3. Zeichnen des freien Schenkels [SB

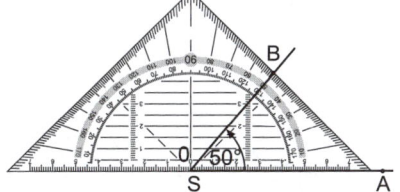

192 Zeichne folgende Winkel:

a) ∢SRT = 70°

b) ∢ABC = 35°

c) ∢UVW = 140°

d) ∢EFG = 210°

1.6 Nebenwinkel und Scheitelwinkel

In Kirchenfenstern kann man viele Winkel betrachten.
Findest du rechte und gestreckte Winkel?

- Wenn ein gestreckter Winkel
  unterteilt wird, so entsteht ein
  Paar von **Nebenwinkeln**.
  Nebenwinkel ergeben zusam-
  men einen gestreckten Winkel.
  Kurz: $\alpha + \beta = 180°$

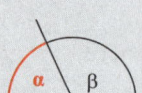

- Die gegenüberliegenden Winkel
  zweier sich schneidender Geraden
  nennt man **Scheitelwinkel**.
  Scheitelwinkel sind gleich groß,
  haben also das gleiche Maß.
  Kurz: $\alpha = \beta$ und $\varepsilon = \delta$

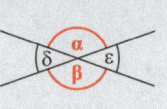

Beispiel   Bestimme die fehlenden Winkelmaße.

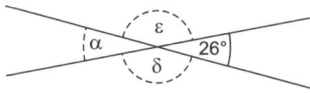

Lösung:

Winkel	Begründung
$\varepsilon = 180° - 26° = 154°$	Nebenwinkel
$\alpha = 26°$	Scheitelwinkel
$\delta = \varepsilon = 154°$	Scheitelwinkel

193 Bestimme die fehlenden
Winkelmaße.

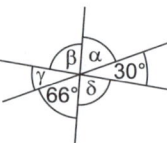

194 Welche Maße haben die Winkel α, β, γ, δ und ε, wenn folgende Aussagen gelten?

a) Der Nebenwinkel zu β hat das Maß 108°.

b) Der Nebenwinkel γ ist 11-mal so groß wie δ.

c) Die Summe der Scheitelwinkel α und ε beträgt 254°.

1.7 Ebene Figuren

Verbindet man entsprechende Punkte der Zeichenebene, entstehen folgende Figuren:

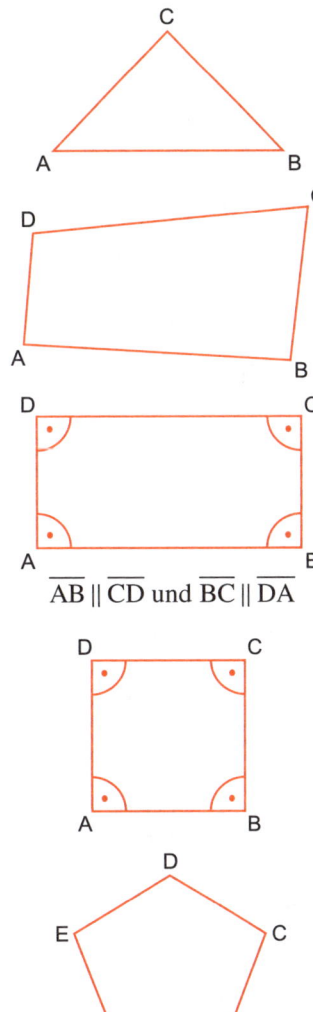

Verbindet man drei Punkte A, B, C, die nicht auf einer Geraden liegen, miteinander, so erhält man das **Dreieck ABC**. Die Beschriftung erfolgt entgegen dem Uhrzeigersinn.

Verbindet man vier Punkte A, B, C, D, von denen nicht mehr als zwei auf einer Geraden liegen, miteinander, so erhält man ein **Viereck ABCD**.

Wenn je zwei Paar gleich lange Strecken parallel zueinander verlaufen und diese im **rechten Winkel** zu den anderen Strecken stehen, so erhält man ein **Rechteck ABCD**.

$$\overline{AB} \parallel \overline{CD} \text{ und } \overline{BC} \parallel \overline{DA}$$

Wenn vier Strecken **gleich lang** sind und im **rechten Winkel** zueinander stehen, so erhält man ein **Quadrat ABCD**.

Der Name eines **Vielecks** richtet sich nach der Anzahl seiner Ecken.
(z. B. 5 Ecken – Fünfeck)

195 Zeichne das Dreieck ABC mit den Punkten A(1│1), B(4│2) und C(3│6) in ein Koordinatensystem ein.

196 Zeichne die Punkte A(2│2), B(4│2) und D(2│5) in ein Koordinatensystem ein.
- Ergänze zu einem Rechteck ABCD und gib die Koordinaten des Punktes C an.
- Zeichne in das gleiche Koordinatensystem ein beliebiges Sechseck ABCDEF.

197 Zeichne den Punkt P(3│2) in ein Koordinatensystem ein. Zeichne den Punkt Q(3│6) ebenfalls ein. Zeichne nun eine Senkrechte zur Strecke $\overline{PQ}$ durch den Punkt T(2│3). Gib die Koordinaten des Schnittpunkts S der Senkrechten mit der Stecke $\overline{PQ}$ an. Zeichne das Dreieck PST ein.

1.8 Räumliche Figuren

Es gibt verschiedene Körperformen, von denen in der Geometrie folgende unterschieden werden:

Der **Würfel** besitzt als Begrenzungsflächen 6 flächengleiche Quadrate. Er hat 8 Ecken und 12 gleich lange Kanten.

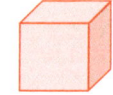

Der **Quader** besitzt als Begrenzungsflächen 6 Rechtecke, von denen die gegenüberliegenden Rechtecke flächengleich sind. Er hat 8 Ecken und 12 Kanten, von denen je vier gleich lang sind.

Prismen werden von Vielecken begrenzt. Die Grundflächen bestimmen den Namen (z. B. Dreiecksprisma). Die Grund- und Deckfläche bilden gleiche Vielecke, die Seitenflächen (Mantelfläche) bilden Rechtecke.

Pyramiden werden von Vielecken begrenzt. Die Grundflächen bestimmen den Namen (z. B. Viereckspyramide). Ein Vieleck bildet die Grundfläche, Dreiecke bilden die Mantelfläche. Gemeinsamer Eckpunkt der Dreiecke ist die Spitze der Pyramide.

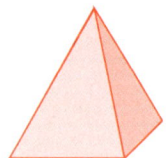

Der **Zylinder** hat gleiche Kreise als Grund- und Deckfläche sowie eine gekrümmte Mantelfläche.

Der **Kegel** hat einen Kreis als Grundfläche, eine
Spitze und eine gekrümmte Mantelfläche.

Die **Kugel** ist an jeder Stelle gekrümmt.

198 Aus welchen Körpern setzen sich folgende Körper zusammen?

a)

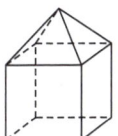

b)

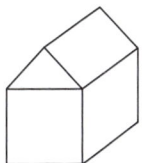

1.9 Netze von Würfel und Quader

Wenn man einen Körper an seinen Kanten aufschneidet und abwickelt, erhält man das **Netz** des Körpers.

Das Netz des **Würfels** besteht aus **6 flächengleichen Quadraten**.

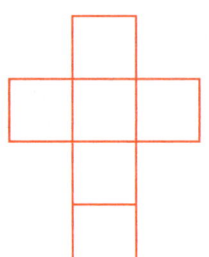

Das Netz des **Quaders** besteht aus **3 Paaren flächengleicher Rechtecke**. Dabei liegen sich die flächengleichen Rechtecke gegenüber.

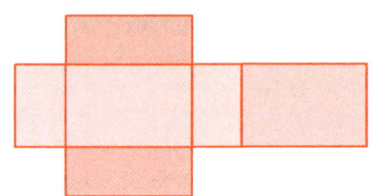

199 Ein Würfel wird zur Hälfte in Farbe getaucht. Schraffiere in der Netzdarstellung die Flächen, die davon betroffen sind. Die Grundfläche ist in der Abbildung jeweils rot gefärbt.

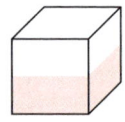

a)

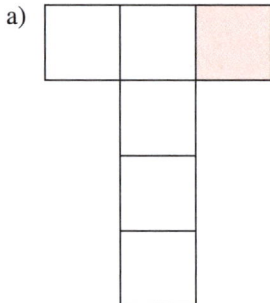

b)

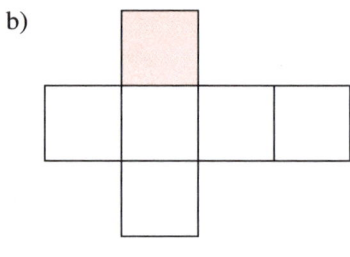

1.10 Schrägbilder von Würfel und Quader

Beim Zeichnen eines Quaders oder Würfels direkt von oben, direkt von vorne oder direkt von der Seite ist nur jeweils eine Fläche sichtbar.
Einen **räumlichen Eindruck** des Körpers erhält man dagegen, wenn man ihn im **Schrägbild** darstellt und dabei auch die verdeckt liegenden Kanten einzeichnet.

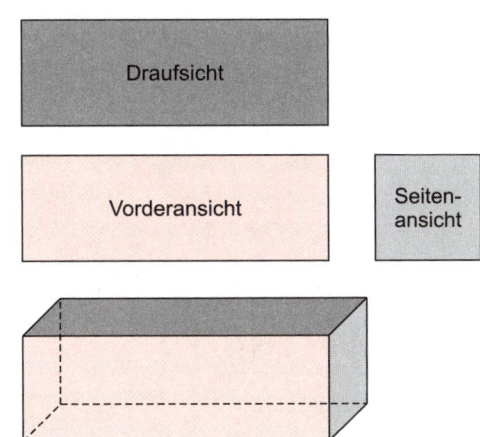

Gehe beim Zeichnen von **Schrägbildern** wie folgt vor:

- Zeichne immer zuerst die **vordere Fläche** des Körpers.
- Zeichne dann die nach **hinten verlaufenden Kanten** um die **Hälfte** verkürzt und im **45°-Winkel**.
- Verbinde die **Eckpunkte**.

Achte bei den letzten beiden Schritten darauf, dass **verdeckte Kanten** immer **gestrichelt** gezeichnet werden.

Beispiel

Zeichne einen Quader, der 5 cm lang, 2,5 cm hoch und 4 cm breit ist, im Schrägbild.

Lösung:
1. Schritt:

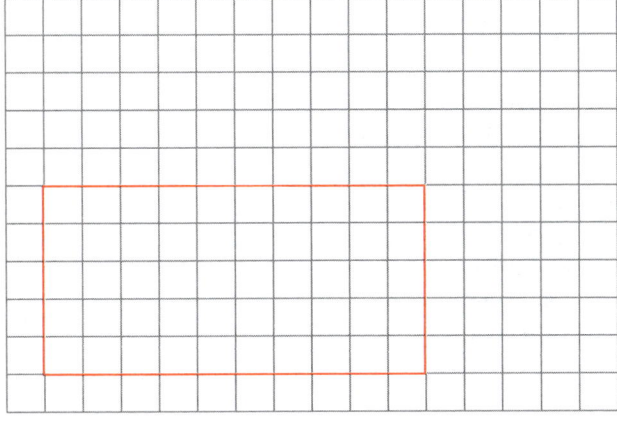

Zeichne die vordere Fläche des Körpers und benutze dazu die Gitterlinien.

2. Schritt:

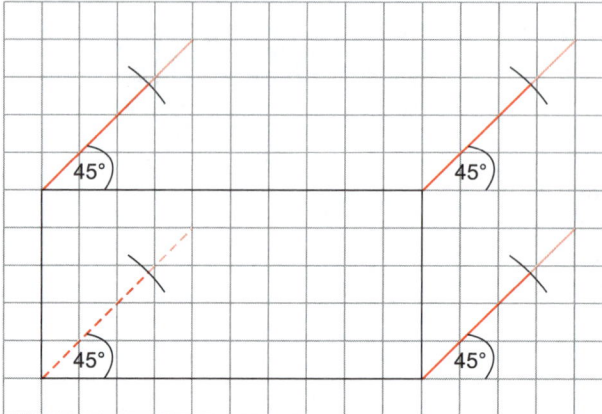

Zeichne die nach hinten verlaufenden Kanten im 45°-Winkel. Dazu zeichnest du einfach eine **Diagonale** entlang der Kästchen. Dann trägst du die **Hälfte** der tatsächlichen Breite ab, also hier: 4 cm : 2 = 2 cm.

Die Kante links unten ist **verdeckt** und wird **gestrichelt**.

3. Schritt:

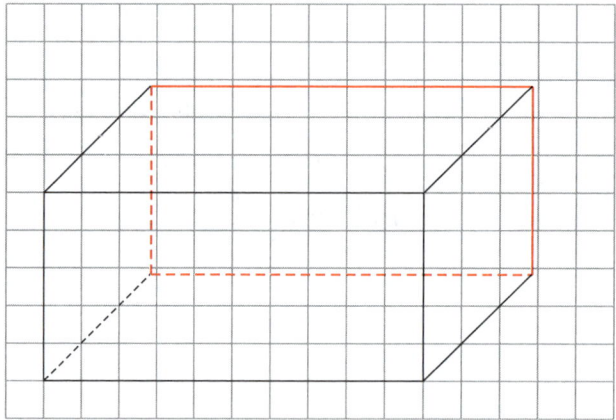

Verbinde nun die Eckpunkte und achte darauf, dass auch hier alle **verdeckten Kanten gestrichelt** gezeichnet werden.

200 Zeichne einen Würfel mit der Kantenlänge 6 cm.

201 Übertrage zunächst die Zeichnung auf kariertes Papier und zeichne das Schrägbild des Quaders zu Ende. Gib dann die Maße des Quaders in der Wirklichkeit an.
Schraffiere anschließend die Flächen im Schrägbild farbig, die kleiner als in der Wirklichkeit dargestellt sind.

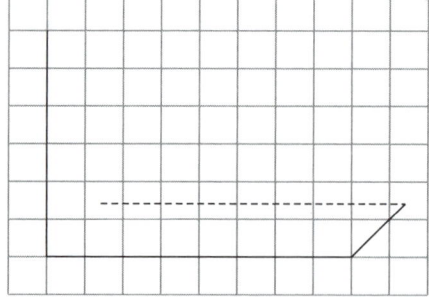

2 Flächenberechnung und Umfangsberechnung

2.1 Flächenmessung und Flächeneinheiten

Um die Größe einer Fläche zu bestimmen, benutzt man eine **Vergleichsfläche** und legt damit die gesuchte Fläche aus. Man verwendet als Vergleichsflächen **Quadrate**, deren Seitenlängen Längeneinheiten sind. Die Fläche ist eine **abgeleitete Größe**, weil sie sich auf die Längenmessung zurückführen lässt.

Vergleichsfläche

Ein Quadrat mit der Kantenlänge von 1 m hat einen Flächeninhalt von **1 m²** **(1 Quadratmeter)**. Weitere Flächeneinheiten sind **mm²** (Quadratmillimeter), **cm²** (Quadratzentimeter), **dm²** (Quadratdezimeter), **a** (Ar), **ha** (Hektar) und **km²** (Quadratkilometer).
Die **Umrechnungszahl** von einer Flächeneinheit in die nächste ist **100**.

* Quadratmillimeter (mm²): 1 mm²
* Quadratzentimeter (cm²): 1 cm² = **100** mm²
* Quadratdezimeter (dm²): 1 dm² = **100** cm²
* Quadratmeter (m²): 1 m² = **100** dm²
* Ar (a): 1 a = **100** m²
* Hektar (ha): 1 ha = **100** a = 10 000 m²
* Quadratkilometer (km²): 1 km² = **100** ha = 10 000 a = 1 000 000 m²

Umrechnung:

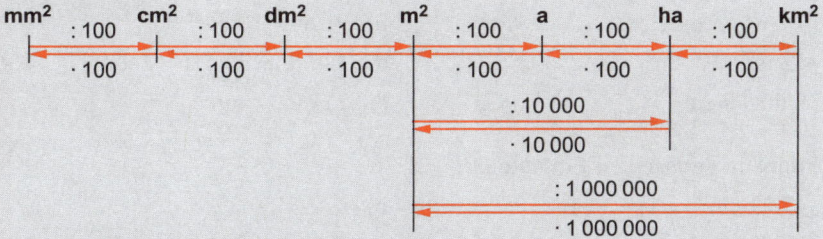

* Bei der Umrechnung in die **nächstgrößere Maßeinheit** musst du das Komma um **2 Stellen** nach **links** verschieben.
* Bei der Umrechnung in die **nächstkleinere Maßeinheit** musst du das Komma um **2 Stellen** nach **rechts** verschieben.

1. Rechne in die angegebene Einheit um.

 a) $23 \text{ cm}^2 = 0,23 \text{ dm}^2$

 b) $456 \text{ a} = 45\,600 \text{ m}^2$

 c) $34,5 \text{ dm}^2 = 345\,000 \text{ mm}^2$

 d) $1\,213 \text{ m}^2 = 0,001213 \text{ km}^2$

2. Gib das Ergebnis in der kleinsten angegebenen Einheit an.

 a) $43 \text{ cm}^2 \, 345 \text{ mm}^2 = 4\,300 \text{ mm}^2 + 345 \text{ mm}^2 = 4\,645 \text{ mm}^2$

 b) $563 \text{ a} \, 67 \text{ dm}^2 = 5\,630\,000 \text{ dm}^2 + 67 \text{ dm}^2 = 5\,630\,067 \text{ dm}^2$

3. Schreibe in gemischten Einheiten.

 a) $78,33 \text{ dm}^2 = 78 \text{ dm}^2 \, 33 \text{ cm}^2$

 b) $354,3672 \text{ ha} = 354 \text{ ha} \, 36 \text{ a} \, 72 \text{ m}^2$

 c) $0,045 \text{ km}^2 = 4 \text{ ha} \, 50 \text{ a}$

202 Rechne in die angegebene Einheit um.

 a) $231 \text{ m}^2 \ (\text{dm}^2)$ b) $425\,738 \text{ mm}^2 \ (\text{cm}^2)$

 c) $87 \text{ km}^2 \ (\text{m}^2)$ d) $54,238 \text{ cm}^2 \ (\text{mm}^2)$

 e) $71\,551 \text{ dm}^2 \ (\text{m}^2)$ f) $345 \text{ ha} \ (\text{m}^2)$

 g) $364,3 \text{ a} \ (\text{dm}^2)$ h) $915 \text{ km}^2 \ (\text{dm}^2)$

 i) $6\,278\,912 \text{ cm}^2 \ (\text{ha})$ j) $4\,563 \text{ dm}^2 \ (\text{a})$

203 Gib das Ergebnis in der kleinsten angegebenen Einheit an.

 a) $7 \text{ cm}^2 \, 15 \text{ mm}^2$ b) $91 \text{ dm}^2 \, 18 \text{ cm}^2$

 c) $12 \text{ m}^2 \, 912 \text{ dm}^2$ d) $345 \text{ dm}^2 \, 34 \text{ cm}^2 \, 12 \text{ mm}^2$

 e) $8 \text{ dm}^2 \, 9 \text{ cm}^2$ f) $2 \text{ cm}^2 \, 12 \text{ mm}^2$

204 Schreibe in gemischten Einheiten.

 a) $47,21 \text{ cm}^2$ b) $879,3456 \text{ a}$

 c) $0,0024 \text{ ha}$ d) $3,456789012 \text{ km}^2$

 e) $38,32 \text{ dm}^2$ f) $0,08 \text{ ha}$

2.2 Flächeninhalt und Umfang des Rechtecks

Wie groß ist die Fläche eines Wohn-
zimmers?
Der Flächeninhalt des Rechtecks
kann mithilfe folgender Überle-
gung berechnet werden:

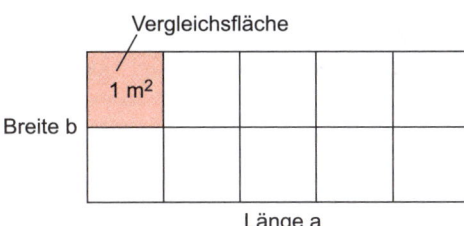

Flächeninhalt einer Reihe:
$5 \cdot 1 \, \text{m}^2 = 5 \, \text{m}^2$

Gesamter Flächeninhalt:
$5 \, \text{m}^2 \cdot 2 = 10 \, \text{m}^2$

Ist **a** die Länge eines Rechtecks und **b** die Breite, gilt für den **Flächeninhalt A_R**:
$A_R = a \cdot b$
Der **Umfang u_R** eines Rechtecks berechnet sich aus der Summe seiner 4 Seiten.
Es gilt: $u_R = a + a + b + b = 2 \cdot a + 2 \cdot b$ oder kurz: $u_R = 2 \cdot (a + b)$

---

spiele

1. Berechne die **Fläche** und den **Umfang** eines Rechtecks, das eine Länge
   von 16 cm und eine Breite von 9 cm hat.

   Lösung:
   $A = a \cdot b = 16 \, \text{cm} \cdot 9 \, \text{cm} = 144 \, \text{cm}^2$
   $u = 2 \cdot (a + b) = 2 \cdot (16 \, \text{cm} + 9 \, \text{cm}) = 2 \cdot 25 \, \text{cm} = 50 \, \text{cm}$

2. Die Seite a eines Rechtecks ist 5 m lang. Sein Umfang beträgt 30 m.
   Berechne den **Flächeninhalt** des Rechtecks.

   Lösung:
   Berechne zunächst die Seite b des Rechtecks.
   $u = 2 \cdot a + 2 \cdot b$
   $30 = 2 \cdot 5 + 2 \cdot b$
   $30 = 10 \quad + 2 \cdot b \qquad | -10$
   $20 = 2 \cdot b \qquad\qquad | : 2$
   $b = 10$

   Jetzt kannst du den Flächeninhalt berechnen:
   $A = a \cdot b = 5 \, \text{m} \cdot 10 \, \text{m} = 50 \, \text{m}^2$

205 Berechne die Fläche und den Umfang eines Rechtecks, das eine Länge von 21 cm und eine Breite von 12 cm hat.

206 Die nebenstehende Skizze zeigt einen Park mit Rasenfläche.

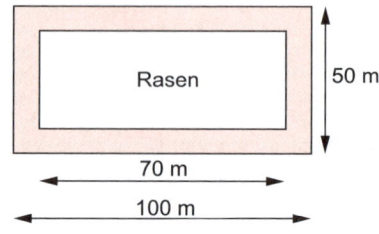

a) Berechne die restliche Fläche (rot) des Parks, die für Wege verwendet wird. Der Weg ist überall gleich breit.

b) Die Wege werden mit Kies ausgelegt.
Was kostet dieses Vorhaben, wenn 1 m² Kies 7 € kostet?

207 Ein Waldbauer pflanzt neue Fichten. Die Schonung von 70 m Länge und 40 m Breite soll gegen Wildschäden eingezäunt werden. Der Abstand des Zauns beträgt von jeder Seite der Schonung 10 m.

a) Fertige eine maßstabsgerechte Zeichnung an und nenne den Maßstab.

b) Berechne die Fläche der Schonung.

c) Berechne, wie viele Meter Zaun benötigt werden.

d) Was kostet der Zaun, wenn der laufende Meter 15 € kostet?

208 Ein rechteckiger Teich wird von einer Rasenfläche begrenzt, die überall 2 m breit ist.

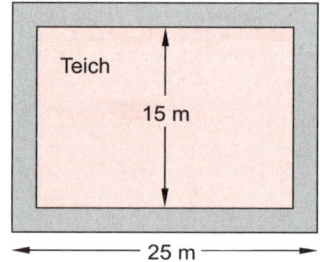

a) Berechne die Teichfläche.

b) Berechne den Umfang des Teichs.

2.3 Flächeninhalt und Umfang des Quadrats

Das **Quadrat** ist ein Sonderfall des Rechtecks, weil es vier gleich lange Seiten hat.

Für die Berechnung des **Flächeninhalts** und des **Umfangs** gilt:
$A_Q = a \cdot a$ und $u_Q = a + a + a + a$ oder kurz
$\mathbf{A_Q = a^2}$ und $\mathbf{u_Q = 4 \cdot a}$

eispiel

Ein quadratischer Sandkasten hat eine Seitenlänge von 3 m.
Welche Fläche muss mit Sand ausgefüllt werden und wie viele Meter Umfang besitzt der Sandkasten?

Lösung:
$A = a^2 = 3 \text{ m} \cdot 3 \text{ m} = 9 \text{ m}^2$
$u = 4 \cdot a = 4 \cdot 3 \text{ m} = 12 \text{ m}$

209 Betrachte die Zeichnung rechts.

a) Berechne den Umfang der roten Fläche.

b) Berechne den Flächeninhalt der roten Fläche.

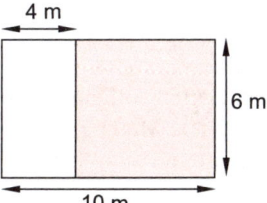

210 Ein quadratisches Gatter hat 400 m² Fläche.
Berechne die Seitenlängen und den Umfang des Gatters.

Vermischte Aufgaben

211 Ordne folgende Gegenstände ihrer Fläche nach, beginne mit der kleinsten Fläche.

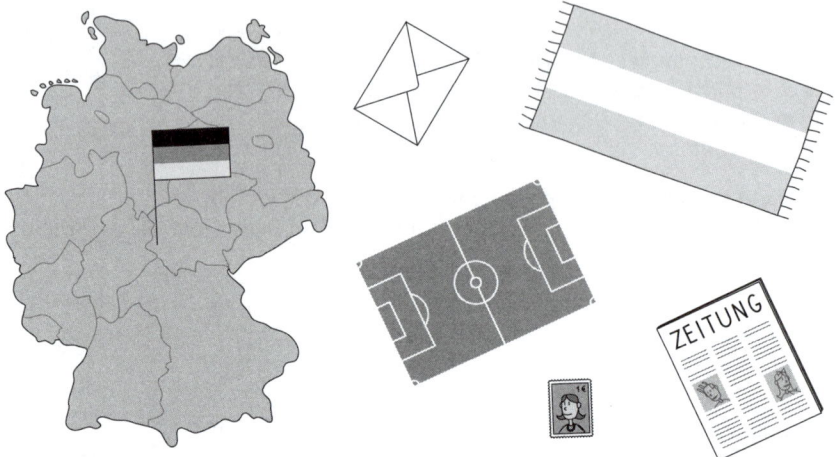

212 Ein Garten soll eingezäunt werden.
Wie viele Meter Zaun sind notwendig, wenn die einzuzäunende Fläche 750 m^2 beträgt und eine Seite 30 m lang ist?

213 Klaus will eine Tischdecke, die doppelt so lang wie breit ist, einsäumen.
Wie viele m Borte benötigt Klaus, wenn die Decke 75 cm breit ist?

214 Berechne die Flächeninhalte der gegebenen Grundrisse.

a)

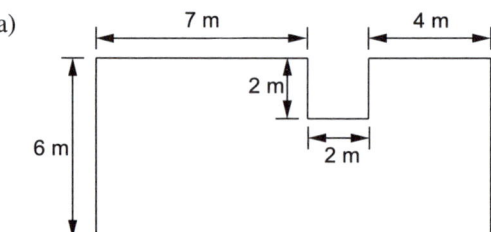

b)

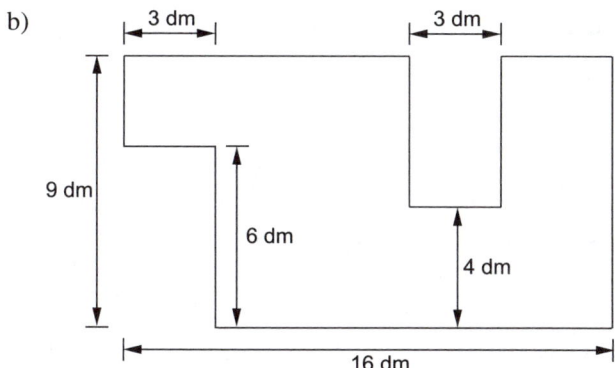

215 Ein Fischteich soll in 5 m Entfernung zu seinen Ufern eingezäunt werden. Seine Ausmaße selbst betragen 85 m in der Länge und 45 m in der Breite.

a) Wie viele Meter Zaun werden benötigt? Fertige eine maßstabsgerechte Zeichnung an.

b) Wie viel kostet der Zaun, wenn 1 m 20 € kostet?

216 Ein Wohnzimmer soll neu gestrichen werden. Im Folgenden siehst du eine Skizze der zu streichenden Flächen:

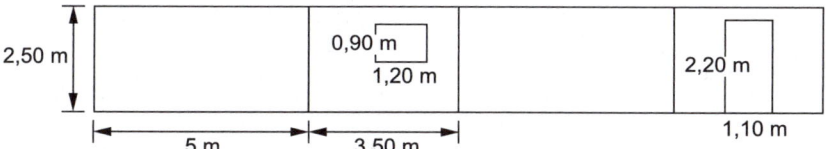

a) Berechne die zu streichende Fläche.

b) Wie viele 5-ℓ-Eimer Farbe muss man kaufen, wenn für 1 m^2 400 $m\ell$ Farbe verbraucht werden?

217 Hier siehst du den Grundriss einer Wohnung.

a) Berechne, wie viele m^2 Wohnfläche bei dieser Wohnung zur Verfügung stehen.

b) Im Wohnzimmer wird ein Parkett verlegt. Reichen 1 500 € aus, wenn 1 m^2 Parkett 70 € kostet?

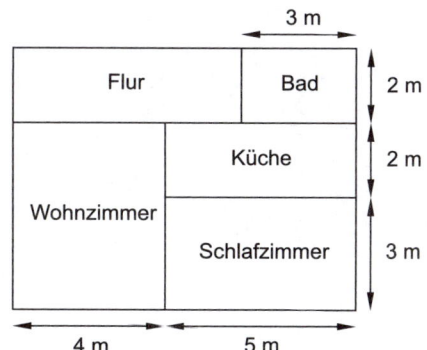

Daten auswerten

1 Erfassung, Darstellung und Auswertung von Daten in Tabellen und Diagrammen

Durch **Fragebögen** werden Informationen, sogenannte **Daten**, gewonnen, die in der Regel in Tabellen festgehalten werden. Diese tabellarisch erfassten Daten werden dann aus Gründen der Übersichtlichkeit häufig noch grafisch dargestellt.

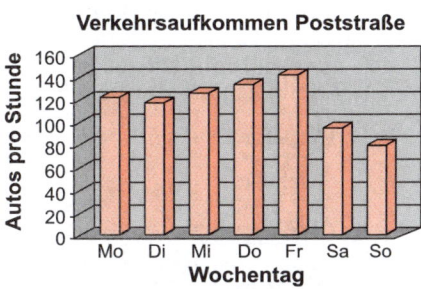

Fragebögen werden oft mithilfe von Listen oder Tabellen ausgewertet. Man unterscheidet verschiedene Typen:

- **Urlisten** (mit ungeordneten Daten)
- **Rangwertlisten** (mit auf-/absteigend sortierten Daten auf Rangplätzen)
- **Strichlisten**
- **Häufigkeitstabellen**

Die darin festgehaltenen **statistischen Daten** zeigen, mit welcher **Häufigkeit** ein bestimmter „Wert" auftritt. In Form von **Häufigkeitsdiagrammen** werden die Ergebnisse dann übersichtlich dargestellt. Man unterscheidet auch hier verschiedene Typen:

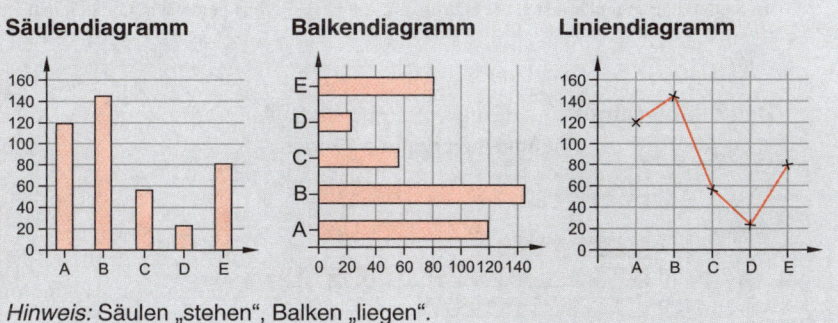

Hinweis: Säulen „stehen", Balken „liegen".

Aus Daten können Informationen gewonnen werden. Damit die gewonnenen Erkenntnisse die Wirklichkeit richtig widergeben, müssen die herangezogenen Daten den gleichen Aufbau haben. So geht keine Information verloren.

Beispiele

1. In der Klasse 5a wird die Körpergröße der Jungen gemessen. Dazu werden die gemessenen Werte in Listen und Tabellen festgehalten:

Urliste:

140; 139; 138; 140; 139; 141; 139; 143; 140; 140; 138; 141; 136; 140

Die gemessenen Werte (in cm) werden ohne Ordnung hintereinander aufgeschrieben.

Rangwertliste:

136; 138; 138; 139; 139; 139; 140; 140; 140; 140; 140; 141; 141; 143

Übersichtlicher ist eine Rangwertliste, in der die Daten der Größe nach geordnet werden.

Strichliste und Häufigkeitstabelle:

Körpergröße in cm	136	137	138	139	140	141	142	143
Strichliste	│		‖	‖|	‖‖|	‖		│
Anzahl	1	0	2	3	5	2	0	1

Pro gemessenem Wert wird in der Strichliste ein Strich gemacht.
Damit man leichter abzählen kann, wird jeder fünfte Strich waagrecht gezogen.

Säulendiagramm:

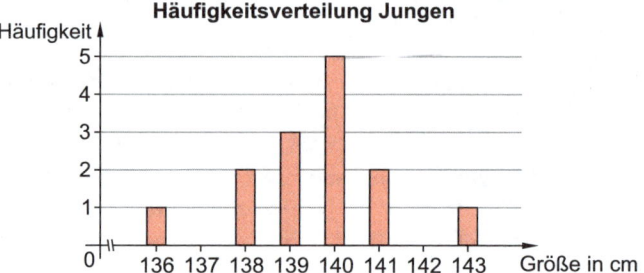

Im Säulendiagramm lässt sich die Häufigkeit, mit der ein Wert gemessen wurde, leicht an der Höhe der aufrecht stehenden Säulen ablesen.

oder:

Balkendiagramm:

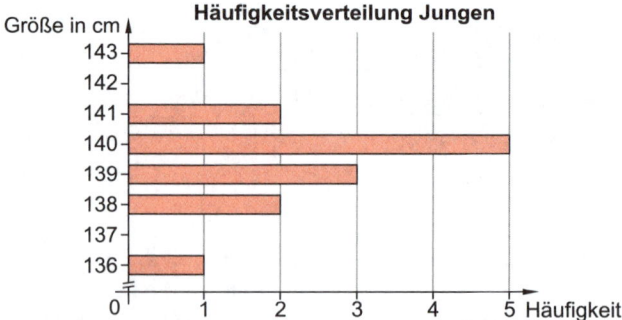

Im Balkendiagramm lässt sich die Häufigkeit, mit der ein Wert gemessen wurde, leicht an der Länge der waagrecht liegenden Balken ablesen.

2. Im unten stehenden **Liniendiagramm** sind die Besuchszahlen eines Hallenbads im Zeitraum Freitag bis Sonntag notiert. Am Samstag um 12 Uhr waren es z. B. doppelt so viele Besucher wie am Freitag zur gleichen Zeit.

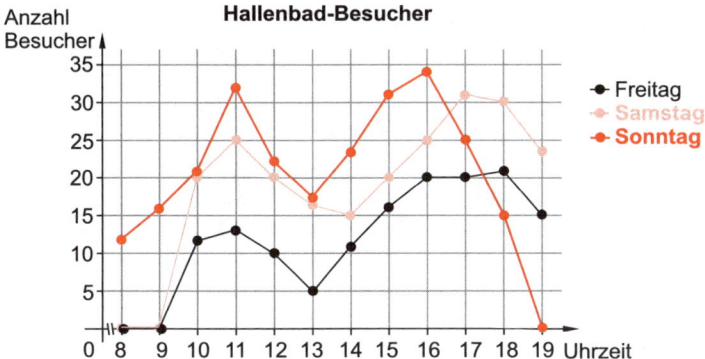

218 Bei einer Stegreifaufgabe in einer fünften Klasse ergaben sich folgende Gesamtpunktzahlen:

10   7,5   7   5,5   4   8   9   6   6   4   0,5   5,5   8   6,5   6

2   5,5   6   7   7   6   7   5,5   4   7,5   5,5   3,5   8   6,5   4,5

Note	1	2	3	4	5	6
Punkte	10–8,5	8–7	6,5–5,5	5–4	3,5–2	1,5–0

a) Werte die Stegreifaufgabe anhand des gegebenen Notenschlüssels zuerst mit einer Strichliste und dann mit einer Häufigkeitstabelle aus.

b) Wie viele Kinder haben mit der Note 4 oder besser abgeschnitten?

c) Erstelle ein geeignetes Häufigkeitsdiagramm.

219 Eine Firma hat ihre Gewinnzahlen der letzten 10 Jahre veröffentlicht.

Jahr	1999	2000	2001	2002	2003	2004	2005	2006	2007	2008
Gewinn in Mio. Euro	50	58	56	54	54	60	64	66	70	76

a) Stelle die Gewinnkurve in einem geeigneten Liniendiagramm dar.

b) In welchen Jahren hat die Firma ein Gewinnwachstum verzeichnet?

c) In welchem Jahr war der Gewinnzuwachs am größten?

d) In welchen Jahren ging der Gewinn zurück?

e) In welchen Jahren war der Gewinn gleich hoch?

f) Um wie viel stieg der Gewinn in den letzten 9 Jahren?

In einem Diagramm lassen sich Zusammenhänge übersichtlich darstellen. Umgekehrt lassen sich aber auch Informationen aus Diagrammen herauslesen:

Ein **Diagramm** ist nach folgenden Schritten auszuwerten:
- Um zu wissen, was in dem Diagramm **dargestellt** wird, achte auf dessen Beschriftungen.
- Lese **wichtige Punkte** und Stellen des Diagramms ab, z. B. Ausreißer.
- Bestimme in Diagrammen wichtige **Trends.** Betrachte dazu den Kurvenverlauf bzw. die Ausschläge.
- Bestimme einzelne Trends, um **Zusammenhänge** zu finden.
- Anhand von Vergleichen können **Aussagen** getroffen und bewertet werden.

Beispiel

Werte das Balkendiagramm aus.

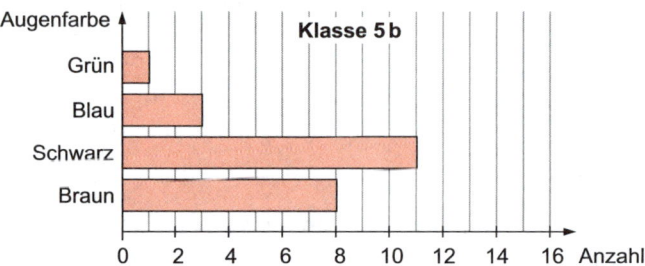

Lösung:

Häufigkeitstabelle:

Augenfarbe	braun	schwarz	blau	grün
Anzahl	8	11	3	1

In der Klasse 5b haben 8 Kinder braune Augen, 11 Kinder haben schwarze Augen, blaue Augen haben 3 Kinder und 1 Kind hat grüne Augen. Insgesamt sind in der Klasse 5b 23 Kinder. Die Augenfarben Schwarz und Braun überwiegen. Die Augenfarben Grün und Blau sind eher selten.

220 Frau Schäfer führt als Bürgermeisterin seit mehreren Jahren ein gewissenhaftes Tagebuch. Sie hat jetzt ein Diagramm erarbeitet.

a) Was wird in diesem Diagramm dargestellt?

b) Welche Aussagen lassen sich anhand der Kurvenverläufe treffen?

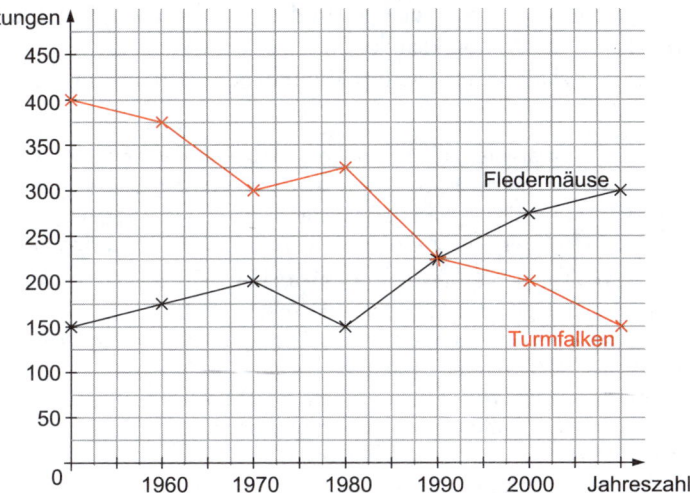

2   Fehlerhafte Diagramme

Diagramme helfen uns, Sachverhalte einfach und anschaulich darzustellen. Doch man kann mit grafischen Darstellungen auch ein verzerrtes Bild der Wirklichkeit zeigen und die Datenlage nur teilweise oder falsch wiedergeben. Durch diese Manipulationen wird die Aufmerksamkeit des Betrachters in eine gewollte Richtung gelenkt. Deshalb ist es wichtig, Manipulationen zu erkennen.

Bei fehlerhaften Diagrammen werden die Informationen **verzerrt** oder nur **teilweise** oder **falsch** wiedergegeben. Durch derart verfälschte Daten wird der Betrachter getäuscht und die Absicht der objektiven Information verfehlt. Je nach Perspektive können so dieselben Daten **unterschiedliche Wirkungen erzielen**.

An diesen Merkmalen sind **fehlerhafte Diagramme** zu erkennen:
- Die Achsen sind **ungleichmäßig** eingeteilt oder nicht beschriftet.
- Der **Anfangswert** der Achse verzerrt das Diagramm. (Eine oft genutzte Art der Manipulation ist die Nullverschiebung an der y-Achse.)
- Die **Dicken** der Säulen bzw. Balken stimmen nicht überein.
- Nur eine bestimmte **Datenauswahl** ist dargestellt.
- Die Darstellung ist **perspektivisch** verzerrt.
- Die **Größe** von Piktogrammen (Symbolen) stimmt nicht mit den zugehörigen Werten überein.

Beispiele

1. Nimm Stellung zu diesem Diagramm.

Durchschnittlicher Fernsehkonsum pro Tag

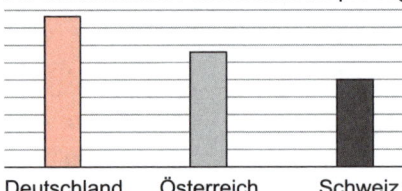

Lösung:
Die Darstellung ist unvollständig. Man kann nur die Rangfolge beurteilen. Man erhält keine Informationen über die Zeitdauer und die Verhältnisse der Werte zueinander, da die y-Achse fehlt.

2. Welches Diagramm ist aussagekräftiger?

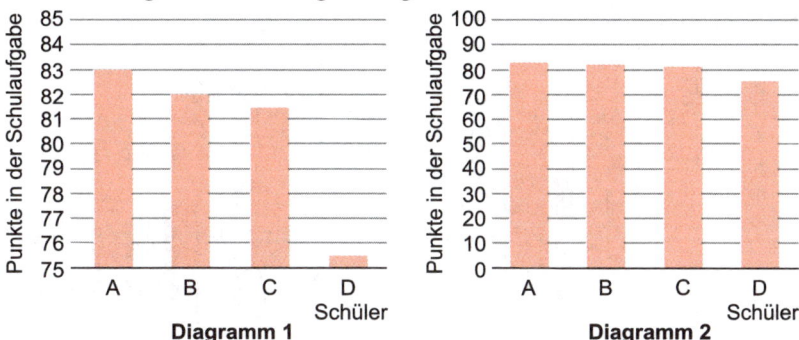

Lösung:

Beide Diagramme enthalten dieselben Daten. Durch die Einteilung der y-Achse gewinnt man bei Diagramm 1 auf den ersten Blick den Eindruck, dass der Schüler D sehr schlecht abgeschnitten hat. Im Diagramm 2 beginnt die y-Achse bei null und man erkennt, dass der Schüler D kaum schlechter als die anderen abgeschnitten hat. Diagramm 2 ist daher aussagekräftiger.

3. Der Heizölverbrauch von einer Familie hat sich innerhalb eines Jahres um $\frac{1}{4}$ erhöht.

Nimm Stellung zu der Abbildung.

Verbrauch 2016   Verbrauch 2017

Lösung:

Der Sachverhalt wird richtig dargestellt, wenn das Volumen des rechten Ölfasses $\frac{1}{4}$ größer ist als das des linken Fasses.

In der Abbildung oben hat das rechte Fass zwar um $\frac{1}{4}$ im Durchmesser und in der Höhe zugenommen, doch dadurch nahm das Volumen um mehr als $\frac{1}{4}$ zu, wie man sofort sieht, wenn man tatsächlich $\frac{1}{4}$ des ursprünglichen Fasses oben ansetzt:

Verbrauch 2016   Verbrauch 2017 ✓ richtig   Verbrauch 2017 ⚡ falsch

Die Abbildung stellt die Steigerung also nicht richtig dar.

221 In den beiden Diagrammen ist das Bevölkerungswachstum einer Stadt dargestellt.

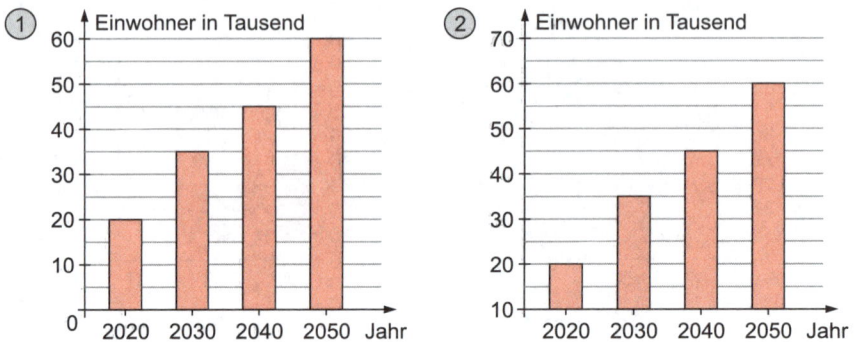

Paula liest aus einem der beiden Diagramme ab, dass sich die Einwohnerzahl von 2020 bis 2050 verfünffacht.

a) Aus welchem Diagramm liest Paula das ab und woran macht sie die Verfünf-fachung fest?

b) Erläutere, wodurch der Fehler entstanden ist. Um welchen Faktor wird die Einwohnerzahl von 2020 bis 2050 tatsächlich wachsen?

222 Nimm Stellung zu dem abgebildeten Diagramm. Was fällt dir auf?

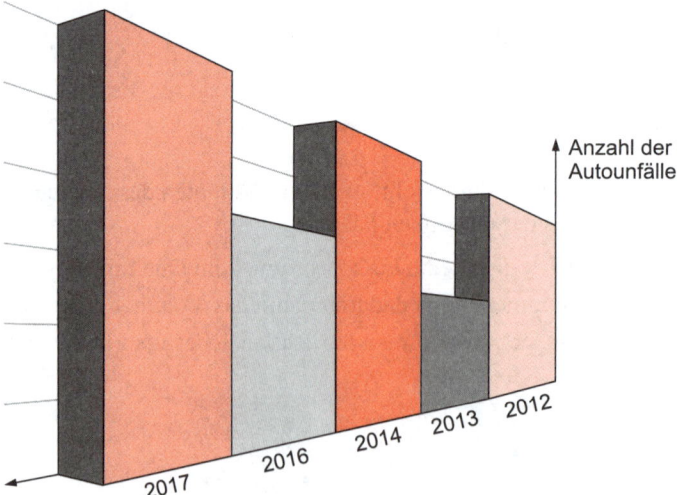

223 In der Tabelle ist die Verteilung der Mitglieder eines Sportvereins auf die
einzelnen Sportarten erfasst.

Sportart	Mitglieder
Fußball	100
Handball	80
Volleyball	40
Leichtathletik	20

Sind die Mitgliederzahlen durch die Piktogramme im Diagramm unten richtig
dargestellt?

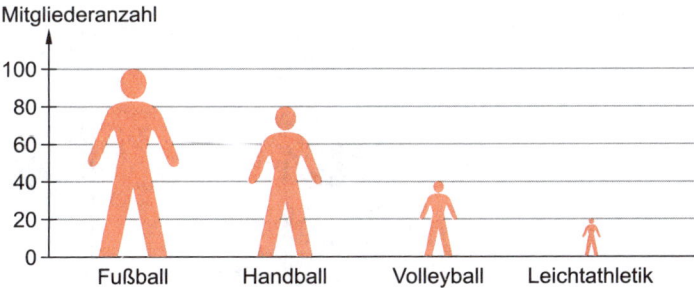

3   Vierfeldertafeln

Es gibt Situationen, in denen zwei verschiedene Merkmale untersucht werden, von denen jedes zwei Ausprägungen hat.

Wir wollen die Absolventinnen und Absolventen einer Realschule untersuchen. Das erste Merkmal ist hier das Geschlecht mit der Ausprägung **männlich** oder **weiblich**. Das zweite Merkmal ist die mittlere Reife mit der Ausprägung **erworben** oder **nicht erworben**.

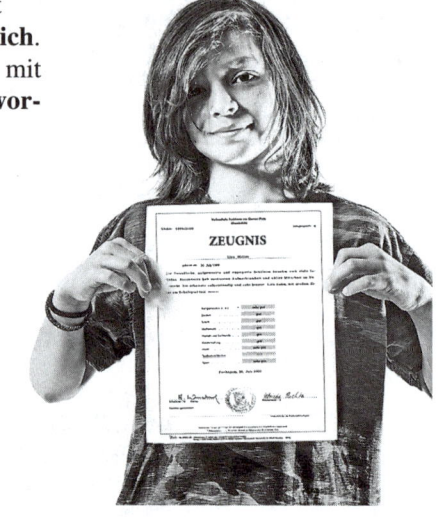

Wegen der jeweils zwei Ausprägungen können nun zusammen $2 \cdot 2 = 4$ Fälle unterschieden werden:

- männlich mit mittlerer Reife
- männlich ohne mittlerer Reife
- weiblich mit mittlerer Reife
- weiblich ohne mittlerer Reife

Die Daten können beispielsweise in einer Umfrage ermittelt werden. Zur übersichtlichen Darstellung der Daten in solchen Fällen benutzt man Vierfeldertafeln.

Eine **Vierfeldertafel** stellt die kombinierten Daten zweier Merkmale in ihren insgesamt vier Ausprägungen übersichtlich dar. Für jede Merkmalsausprägung ergibt sich die zugehörige Gesamtzahl als Zeilen- oder Spaltensumme.

	männlich (m)	weiblich (w)	Gesamt
mittlere Reife	67	59	**126** — Absolventen
keine mittlere Reife	4	2	**6** — keine Absolventen
Gesamt	**71**	**61**	**132**

befragte Schüler — befragte Schülerinnen — Gesamtzahl der Befragten

224 Bei einer Umfrage an einer Schule mit
920 Schülerinnen und Schülern
(450 Jungen, 470 Mädchen) zum
genutzten Verkehrsmittel auf dem
Schulweg wurde das folgende Ergebnis
ermittelt:

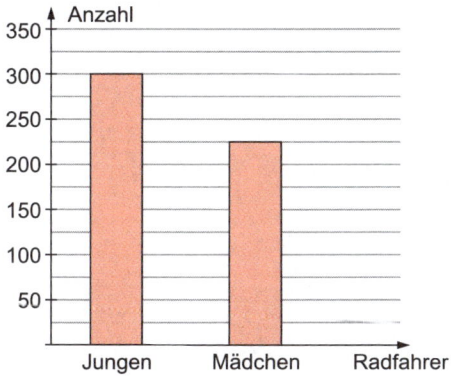

Erstelle für die Umfrage eine Vierfeldertafel und formuliere in einem Text die
Informationen, die in der Vierfeldertafel enthalten sind.

225 An einer Schule wurden Kinder der fünften Jahrgangsstufe befragt, ob sie einen
Fernseher in ihrem Zimmer haben oder nicht.

	Fernseher	kein Fernseher	Gesamt
Jungen	23		
Mädchen	15	44	
Gesamt			143

a) Ergänze die fehlenden Angaben in der Vierfeldertafel.

b) Formuliere in einem Text die Informationen, die in der Vierfeldertafel
enthalten sind.

Lösungen

1 7 > 3, 7 ist größer als 3
oder
3 < 7, 3 ist kleiner als 7

2 a) 3 456 > 3 455

b) 45 362 782 < 45 362 882

c) 8 566 = 8 566

d) 387 654 > 387 564

3 a) 4

b) 7

c) 10

d) 13

e) 3

f) 11

4 a) $245 = 2 \cdot 100 + 4 \cdot 10 + 5 \cdot 1$

b) $37\,149 = 3 \cdot 10\,000 + 7 \cdot 1\,000 + 1 \cdot 100 + 4 \cdot 10 + 9 \cdot 1$

c) $4\,357 = 4 \cdot 1\,000 + 3 \cdot 100 + 5 \cdot 10 + 7 \cdot 1$

d) $55\,071 = 5 \cdot 10\,000 + 5 \cdot 1\,000 + 7 \cdot 10 + 1 \cdot 1$

5 a) 352699802

352	699	802
Mio	T	E

b) 36470010

36	470	010
Mio	T	E

c) 833095

833 | 095
T | E

d) 1000600

1 | 000 | 600
Mio | T | E

6 a) 4Mio 765T 87E

4 | 765 | 087
4 765 087

b) 67Mrd 56Mio 8T 56E

67 | 056 | 008 | 056
67 056 008 056

c) 800Mio 80T 8E

800 | 080 | 008
800 080 008

d) 11T 5E

11 | 005
11 005

7 1) 538: 500+30+8 **S**

2) 20Mio 38T 51E: 20 038 051 **P**

3) 19 | 035 | 001: 19 035 001 **I**

4) 100 000+300+10: 100 310 **T**

5) 1T 1H 1E: 1 101 **Z**

6) 9 876 830: 9Mio 876T 830E **E**

7) 21 034: 21 | 034 **R**

Lösungswort: **SPITZER**

8

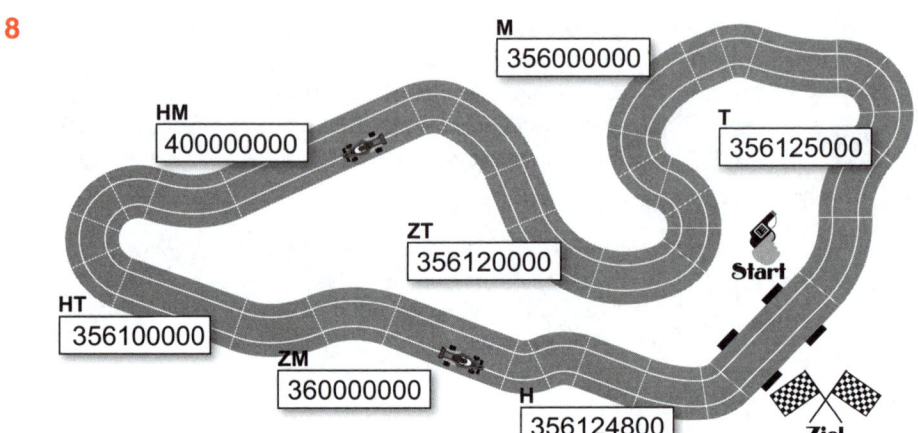

9

Flugroute	Flugkilometer	gerundete Fluglänge
New York–Singapur	15 753 km	**15 800**
Los Angeles–Singapur	14 114 km	**14 100**
Johannesburg–Atlanta	13 582 km	**13 600**
Sydney–Dallas	13 804 km	**13 800**
Frankfurt am Main–Buenos Aires	11 515 km	**11 500**
Dubai–Los Angeles	13 420 km	**13 400**

10

Zahl	Zehner	Tausender	Hunderttausender
253 610	**253 610**	**254 000**	**300 000**
4 152 263	**4 152 260**	**4 152 000**	**4 200 000**
54 512 896	**54 512 900**	**54 513 000**	**54 500 000**
200 548	**200 550**	**201 000**	**200 000**
89 544 119	**89 544 120**	**89 544 000**	**89 500 000**

11

	sinnvoll	nicht sinnvoll
Code-Nummer des Fahrrads	☐	☒
Note in der Klassenarbeit	☐	☒
Einwohnerzahl einer Stadt	☒	☐

Telefonnummer	☐	☒
Alter der Pyramiden	☒	☐
Besucher eines Fußballspiels	☒	☐
Schuhgröße	☐	☒
Höhe eines Bergs	☒	☐
Kontonummer bei der Bank	☐	☒

12
a) $876\mathbf{0} \approx 8\,760$ oder $876\mathbf{1} \approx 8\,760$ oder $876\mathbf{2} \approx 8\,760$ oder $876\mathbf{3} \approx 8\,760$ oder $876\mathbf{4} \approx 8\,760$

Abrunden: Für die Einerstelle kann man alle Ziffern zwischen 0 und 4 einsetzen.

b) $75\mathbf{7} \approx 800$ oder $76\mathbf{7} \approx 800$ oder $77\mathbf{7} \approx 800$ oder $78\mathbf{7} \approx 800$ oder $79\mathbf{7} \approx 800$

Aufrunden: Für die Zehnerstelle kann man alle Ziffern zwischen 5 und 9 einsetzen.

c) $40\mathbf{6}5 \approx 4\,000$ oder $41\mathbf{6}5 \approx 4\,000$ oder $42\mathbf{6}5 \approx 4\,000$ oder $43\mathbf{6}5 \approx 4\,000$ oder $44\mathbf{6}5 \approx 4\,000$

d) $96\mathbf{0}42 \approx 96\,000$ oder $96\mathbf{1}42 \approx 96\,000$ oder $96\mathbf{2}42 \approx 96\,000$ oder $96\mathbf{3}42 \approx 96\,000$ oder $96\mathbf{4}42 \approx 96\,000$

e) $299\mathbf{5}12 \approx 300\,000$ oder $299\mathbf{6}12 \approx 300\,000$ oder $299\mathbf{7}12 \approx 300\,000$ oder $299\mathbf{8}12 \approx 300\,000$ oder $299\mathbf{9}12 \approx 300\,000$

f) $16\mathbf{5}1 \approx 1\,700$ oder $16\mathbf{6}1 \approx 1\,700$ oder $16\mathbf{7}1 \approx 1\,700$ oder $16\mathbf{8}1 \approx 1\,700$ oder $16\mathbf{9}1 \approx 1\,700$

13

Bilddiagramm		Bestand
Milchkuh	= 4 000 000	4 200 000
Rind	= 13 000 000	12 500 000
Schwein	= 27 000 000	27 300 000
Huhn	= 39 000 000	39 000 000

a) Jedes Tiersymbol steht für **1 Million Tiere**. Die Bilddiagramme geben also den Bestand auf ganze Millionen gerundet an.

b) Die Lücke zwischen Bestand und Bilddiagramm ist beim **Rind** mit
13 000 000 – 12 500 000 = 500 000 am größten.

14

	Bogenhausen	Schwabing	Laim	Maxvorstadt
gerundete Zahl	82 000 (T)	69 700 (H)	54 030 (Z)	50 000 (ZT)
größtmögliche Zahl	**82 499**	**69 749**	**54 034**	**54 999**
kleinstmögliche Zahl	**81 500**	**69 650**	**54 025**	**45 000**

15 900 hm + 830 hm + 1 150 hm + 800 hm + 950 hm + 1 200 hm = 5 830 km

16 a) 0

0

b) 8

1000

c) 12

1100

d) 31

11111

17 a) $111 = 1 \cdot 1 + 1 \cdot 2 + 1 \cdot 4 = \mathbf{7}$

b) $1010 = 0 \cdot 1 + 1 \cdot 2 + 0 \cdot 4 + 1 \cdot 8 = \mathbf{10}$

c) $11011 = 1 \cdot 1 + 1 \cdot 2 + 0 \cdot 4 + 1 \cdot 8 + 1 \cdot 16 = \mathbf{27}$

d) $111101110 = 0 \cdot 1 + 1 \cdot 2 + 1 \cdot 4 + 1 \cdot 8 + 0 \cdot 16 + 1 \cdot 32 + 1 \cdot 64 + 1 \cdot 128 + 1 \cdot 256 = \mathbf{494}$

e) $101 = 1 \cdot 1 + 0 \cdot 2 + 1 \cdot 4 = \mathbf{5}$

f) $11101 = 1 \cdot 1 + 0 \cdot 2 + 1 \cdot 4 + 1 \cdot 8 + 1 \cdot 16 = \mathbf{29}$

g) $100101 = 1 \cdot 1 + 0 \cdot 2 + 1 \cdot 4 + 0 \cdot 8 + 0 \cdot 16 + 1 \cdot 32 = \mathbf{37}$

h) $11001 = 1 \cdot 1 + 0 \cdot 2 + 0 \cdot 4 + 1 \cdot 8 + 1 \cdot 16 = \mathbf{25}$

18 a) $24 : 2 = 12$ R 0 ↑ $24 = \textbf{11000}$
$\quad\quad 12 : 2 = 6$ R 0
$\quad\quad 6 : 2 \ = 3$ R 0
$\quad\quad 3 : 2 \ = 1$ R 1
$\quad\quad 1 : 2 \ = 0$ R 1

  b) $68 : 2 = 34$ R 0 ↑ $68 = \textbf{1000100}$
$\quad\quad 34 : 2 = 17$ R 0
$\quad\quad 17 : 2 = 8$ R 1
$\quad\quad 8 : 2 \ = 4$ R 0
$\quad\quad 4 : 2 \ = 2$ R 0
$\quad\quad 2 : 2 \ = 1$ R 0
$\quad\quad 1 : 2 \ = 0$ R 1

  c) $167 : 2 = 83$ R 1 ↑ $167 = \textbf{10100111}$
$\quad\quad 83 : 2 \ = 41$ R 1
$\quad\quad 41 : 2 \ = 20$ R 1
$\quad\quad 20 : 2 \ = 10$ R 0
$\quad\quad 10 : 2 \ = 5$ R 0
$\quad\quad 5 : 2 \ \ = 2$ R 1
$\quad\quad 2 : 2 \ \ = 1$ R 0
$\quad\quad 1 : 2 \ \ = 0$ R 1

  d) $894 : 2 = 447$ R 0 ↑ $894 = \textbf{1101111110}$
$\quad\quad 447 : 2 = 223$ R 1
$\quad\quad 223 : 2 = 111$ R 1
$\quad\quad 111 : 2 \ = 55$ R 1
$\quad\quad 55 : 2 \ \ = 27$ R 1
$\quad\quad 27 : 2 \ \ = 13$ R 1
$\quad\quad 13 : 2 \ \ = 6$ R 1
$\quad\quad 6 : 2 \ \ \ = 3$ R 0
$\quad\quad 3 : 2 \ \ \ = 1$ R 1
$\quad\quad 1 : 2 \ \ \ = 0$ R 1

  e) $36 : 2 = 18$ R 0 ↑ $36 = \textbf{100100}$
$\quad\quad 18 : 2 = 9$ R 0
$\quad\quad 9 : 2 \ = 4$ R 1
$\quad\quad 4 : 2 \ = 2$ R 0
$\quad\quad 2 : 2 \ = 1$ R 0
$\quad\quad 1 : 2 \ = 0$ R 1

f) $20:2=10$ R 0 $20=\mathbf{10100}$
   $10:2=5$ R 0
   $5:2=2$ R 1
   $2:2=1$ R 0
   $1:2=0$ R 1

g) $15:2=7$ R 1 $15=\mathbf{1111}$
   $7:2=3$ R 1
   $3:2=1$ R 1
   $1:2=0$ R 1

h) $112:2=56$ R 0 $112=\mathbf{1110000}$
   $56:2=28$ R 0
   $28:2=14$ R 0
   $14:2=7$ R 0
   $7:2=3$ R 1
   $3:2=1$ R 1
   $1:2=0$ R 1

19 $10110=1\cdot2+1\cdot4+1\cdot16=22$
$1110=1\cdot2+1\cdot4+1\cdot8=14$
$10011=1\cdot1+1\cdot2+1\cdot16=19$
$111111=1\cdot1+1\cdot2+1\cdot4+1\cdot8+1\cdot16+1\cdot32=63$
$101=1\cdot1+1\cdot4=5$
$101010=1\cdot2+1\cdot8+1\cdot32=42$

Folgende Felder gehören zusammen:
A und I; B und K; C und G; D und J; E und L; F und H

20 a) $35=\mathbf{XXXV}$

b) $64=\mathbf{LXIV}$

c) $493=\mathbf{CDXCIII}$

d) $1\,997=\mathbf{MCMXCVII}$

e) $54=\mathbf{LIV}$

f) $113=\mathbf{CXIII}$

21 a) $MCDXXV=1\,000+500-100+10+10+5=\mathbf{1\,425}$

b) $DCLXXI=500+100+50+10+10+1=\mathbf{671}$

c) $CCLV=\mathbf{255}$

d) DCXCI = **691**

e) MDC = **1 600**

f) MMCCL = **2 250**

22

> Anno **1435** hat der Fürst Karl
> (geb. **1367**, gest. **1454**) dieses
> Gebäude erbauen lassen. Im
> 30—jährigen Krieg brannte es
> nieder und wurde erst im Jahre
> des Herrn **1850** wieder aufgebaut.

23 Die Stadt wurde MDCXXVI = **1626** gegründet.

24 a)   11345
           +   456
           + 3452
           +   89
           ──────
             1 2 2
           15342

   b)   3456
           + 918
           + 234
           ──────
             1 1 1
            4608

   c)   21456
           + 12917
           ──────
             1   1
            34373

   d)   56
           + 113
           + 2618
           ──────
                1
            2787

25

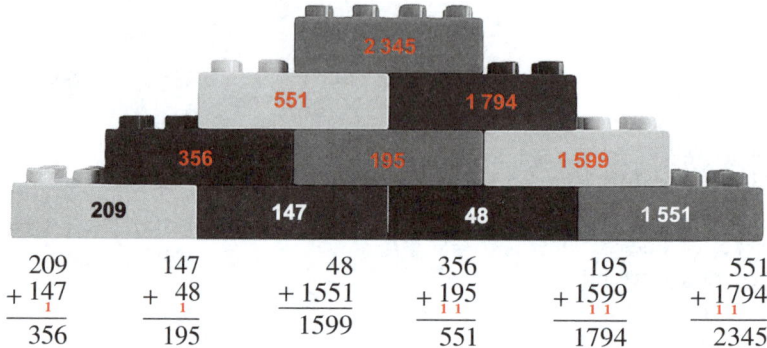

209	147	48	356	195	551
+ 147	+ 48	+ 1551	+ 195	+ 1599	+ 1794
356	195	1599	551	1794	2345

26 a)   78934
  − 3454
  75480

 b)   4562
  − 56
  − 234
  4272

 c)   8913
  − 317
  − 12
  8584

 d)   218169
  − 19817
  198352

27

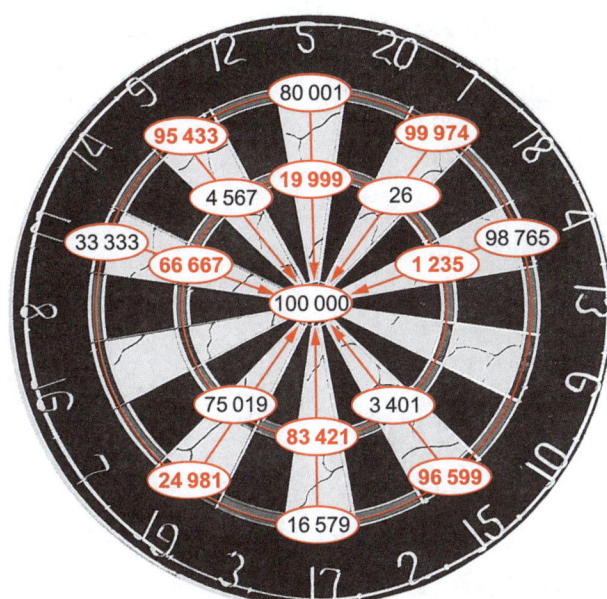

$100\,000 - 80\,001 = 19\,999$	$100\,000 - 16\,579 = 83\,421$
$100\,000 - 26 \qquad = 99\,974$	$100\,000 - 75\,019 = 24\,981$
$100\,000 - 98\,765 = 1\,235$	$100\,000 - 33\,333 = 66\,667$
$100\,000 - 3\,401 \quad = 96\,599$	$100\,000 - 4\,567 \quad = 95\,433$

28 a) Addiere zu 45 die Zahl 356 und subtrahiere 76.
$$45 + 356 - 76 = 401 - 76$$
$$= \mathbf{325}$$

b) Die Summe aus den Zahlen 56, 34 und 342 soll um 213 vermindert werden.
$$(56 + 34 + 342) - 213 = (90 + 342) - 213$$
$$= 432 - 213$$
$$= \mathbf{219}$$

c) Vermindere 45 um 13 und vermehre diese Zahl um die Differenz aus 178 und 45.
$$(45 - 13) + (178 - 45) = 32 + 133$$
$$= \mathbf{165}$$

d) Vermehre die Differenz der Zahlen 213 und 119 um 53 und vermindere diese Zahl um 93.
$$[(213 - 119) + 53] - 93 = [94 + 53] - 93$$
$$= 147 - 93$$
$$= \mathbf{54}$$

e) Subtrahiere 141 von der Summe der Zahlen 4 118 und 353 und addiere zu
   dieser Zahl die Differenz aus 58 und 12.
$$[(4\,118+353)-141]+(58-12)=[4\,471-141]+46$$
$$=4\,330+46$$
$$=\mathbf{4\,376}$$

29 a) $546+34-(23+56+231)=546+34-310$
$$=580-310$$
$$=\mathbf{270}$$

b) $56+354-(786-445)=410-341$
$$=\mathbf{69}$$

c) $57+321+234-123-12=378+234-123-12$
$$=612-123-12$$
$$=489-12$$
$$=\mathbf{477}$$

d) $2\,345-236-45+(56+987)=2\,345-236-45+1\,043$
$$=2\,109-45+1\,043$$
$$=2\,064+1\,043$$
$$=\mathbf{3\,107}$$

30 a) $3456\cdot23$
$$\underline{6912}$$
$$\underline{10368}$$
$$\mathbf{79488}$$

b) $34\cdot124$
$$\underline{34}$$
$$68$$
$$\underline{136}$$
$$\mathbf{4216}$$

c) $12\cdot12$ $12\cdot12\cdot100=144\cdot100=\mathbf{14\,400}$
$$\underline{12}$$
$$24$$
$$\underline{144}$$

d) $123 \cdot 1230$
    $\frac{}{}$
       123
       246
        369
           0
    $\overline{}$
    151290

e) $123 \cdot 223$
      246
      246
       369
    $\overline{}$
    27429

f) $4385 \cdot 531$
      21925
      13155
        4385
    $\overline{}$
    2328435

31   a) $192 : 12 = \mathbf{16}$
      $\underline{12}$
       72
       $\underline{72}$
        0

b) $789 : 4 = \mathbf{197\ R\,1}$
      $\underline{76}$
       29
       $\underline{28}$
        1

c) $5535 : 123 = \mathbf{45}$
      $\underline{492}$
       615
       $\underline{615}$
        0

d) $150 : 10 : 5 = 15 : 5 = \mathbf{3}$

e) $3276 : 12 = \mathbf{273}$
      $\underline{24}$
       87
       $\underline{84}$
        36
        $\underline{36}$
         0

f) $825 : 25 : 11 = 33 : 11 = \mathbf{3}$

32 a) $(12 \cdot 10) : 4 = 120 : 4 = \mathbf{30}$

b) $(23 \cdot 5) : (25 : 5) = 115 : 5 = \mathbf{23}$

c) $(16 \cdot 16) \cdot (100 : 5) = 256 \cdot 20 = \mathbf{5\,120}$

d) $20 \cdot 6 : 10 = 120 : 10 = \mathbf{12}$

e) $(13 \cdot 13) \cdot (11 \cdot 11) = 169 \cdot 121 = \mathbf{20\,449}$

$$
\begin{array}{r}
169 \cdot 121 \\
\hline
169 \\
338 \\
169 \\
\hline
20449 \\
\end{array}
$$

f) $(19 \cdot 5) : (40 : 8) = 95 : 5 = \mathbf{19}$

33 a)

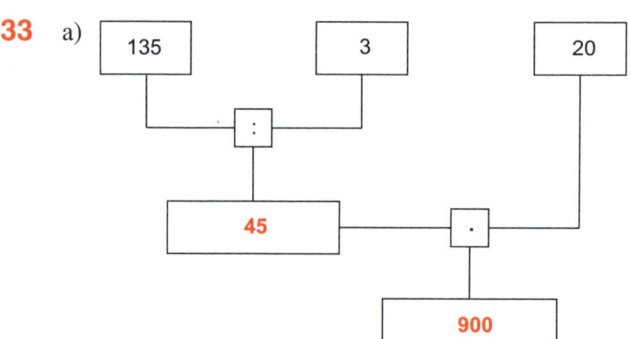

$(135 : 3) \cdot 20 = 45 \cdot 20 = 900$

b)

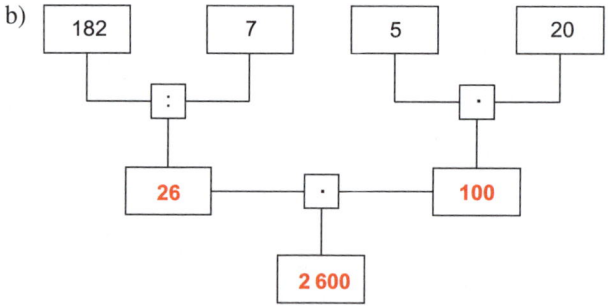

$(182 : 7) \cdot (5 \cdot 20) = 26 \cdot 100 = 2\,600$

c) Dividiere das Produkt aus 40 und 20 durch das Produkt aus 25 und 4.
$(40 \cdot 20) : (25 \cdot 4) = 800 : 100 = \mathbf{8}$

d) Der Quotient aus den Zahlen 125 und 5 soll mit dem Quotienten aus den Zahlen 200 und 5 multipliziert werden.
$(125:5) \cdot (200:5) = 25 \cdot 40 = \mathbf{1\,000}$

e) Die Zahl 13 soll mit 150 multipliziert und dann durch 5 dividiert werden.
$13 \cdot 150 : 5 = 1\,950 : 5 = \mathbf{390}$

f) Das Produkt aus 230 und 12 soll durch 6 dividiert werden.
$230 \cdot 12 : 6 = 2\,760 : 6 = \mathbf{460}$

34

$51660 : 5 = 10332$
$\underline{50}$
16
$\underline{15}$
16
$\underline{15}$
10
$\underline{10}$
0

$10332 : 12 = 861$
$\underline{96}$
73
$\underline{72}$
12
$\underline{12}$
0

$861 : 7 = 123$
$\underline{7}$
16
$\underline{14}$
21
$\underline{21}$
0

35 a) $2^4 = \mathbf{2 \cdot 2 \cdot 2 \cdot 2 = 16}$

b) $3^3 = \mathbf{3 \cdot 3 \cdot 3 = 27}$

c) $4^5 = \mathbf{4 \cdot 4 \cdot 4 \cdot 4 \cdot 4 = 1\,024}$

d) $5^3 = \mathbf{5 \cdot 5 \cdot 5 = 125}$

36 a) $2^3 : 2^2 = 8 : 4 = \mathbf{2}$

b) $4^3 \cdot 3^2 = 64 \cdot 9 = \mathbf{576}$

c) $(2^2 + 5^3) \cdot 10^3 = (4 + 125) \cdot 1\,000 = 129 \cdot 1\,000 = \mathbf{129\,000}$

d) $(34^0 + 23^1) : 2 = (1 + 23) : 2 = 24 : 2 = \mathbf{12}$

e) $3^3 + 3^2 - 3^0 = 27 + 9 - 1 = \mathbf{35}$

f) $2^4 \cdot (4^3 + 4^2) = 16 \cdot (64 + 16) = 16 \cdot 80 = \mathbf{1\,280}$

37 a) $234 - [34 + (12 \cdot 15)] = 234 - [34 + \mathbf{180}]$
$$= 234 - \mathbf{214}$$
$$= \mathbf{20}$$

b) $[3\,456 + 1\,234 - (340 + 350)] : 40 = [3\,456 + 1\,234 - \mathbf{690}] : 40$
$$= [4\,690 - 690] : 40$$
$$= \mathbf{4\,000} : 40$$
$$= \mathbf{100}$$

c) $3^4 + 50 \cdot (160 : 2^2) = \mathbf{81} + 50 \cdot (160 : \mathbf{4})$
$$= 81 + 50 \cdot \mathbf{40}$$
$$= 81 + 2\,000$$
$$= \mathbf{2\,081}$$

d) $[(2\,340 + 1\,160) : (5^2 \cdot 4)] : 7 = \mathbf{[3\,500 : 100]} : 7$
$$= 35 : 7$$
$$= \mathbf{5}$$

e) $6\,357 + 21\,377 \cdot 2 - 3\,224 \cdot 4 = 6\,357 + \mathbf{42\,754 - 12\,896}$
$$= 49\,111 - 12\,896$$
$$= \mathbf{36\,215}$$

f) $12 \cdot (48 + 52) + 8\,000 : (1\,112 - 112) = 12 \cdot \mathbf{100} + 8\,000 : \mathbf{1\,000}$
$$= 1\,200 + 8$$
$$= \mathbf{1\,208}$$

38 a) $102 \cdot 14 = (100 + 2) \cdot \mathbf{14}$
$$= 100 \cdot \mathbf{14} + 2 \cdot \mathbf{14}$$
$$= 1\,400 + 28$$
$$= \mathbf{1\,428}$$

b) $97 \cdot 9 = (100 - 3) \cdot \mathbf{9}$
$$= 100 \cdot \mathbf{9} - 3 \cdot \mathbf{9}$$
$$= 900 - 27$$
$$= \mathbf{873}$$

c) $294 : 3 = (300 - 6) : \mathbf{3}$
$$= 300 : \mathbf{3} - 6 : \mathbf{3}$$
$$= 100 - 2$$
$$= \mathbf{98}$$

d) $396 : 4 = (400 - 4) : \mathbf{4}$
$$= 400 : \mathbf{4} - 4 : \mathbf{4}$$
$$= 100 - 1$$
$$= \mathbf{99}$$

e) $98 \cdot 7 = (100 - 2) \cdot 7$
$\qquad = 100 \cdot 7 - 2 \cdot 7$
$\qquad = 700 - 14$
$\qquad = \mathbf{686}$

f) $603 : 3 = (600 + 3) : 3$
$\qquad = 600 : 3 + 3 : 3$
$\qquad = 200 + 1$
$\qquad = \mathbf{201}$

39 a) Vermehre das Produkt aus 65 und 5 um das Doppelte der Summe von 32 und 18.
$(65 \cdot 5) + 2 \cdot (32 + 18) = 325 + 2 \cdot 50$
$\qquad = 325 + 100$
$\qquad = 425$

b) Dividiere die Differenz aus den Zahlen 78 und 18 durch 20 und addiere das Produkt aus 123 und 7.
$(78 - 18) : 20 + 123 \cdot 7 = 60 : 20 + 123 \cdot 7$
$\qquad = 3 + 861$
$\qquad = 864$

c) Vermindere das Fünffache des Produkts aus den Zahlen 31 und 9 um 15 und multipliziere diese Zahl mit dem Quotienten aus 1 125 und 25.
$[5 \cdot (31 \cdot 9) - 15] \cdot (1125 : 25) = [5 \cdot 279 - 15] \cdot 45$
$\qquad = [1\,395 - 15] \cdot 45$
$\qquad = 1\,380 \cdot 45$
$\qquad = 62\,100$

d) Das Produkt aus den Zahlen 210 und 15 soll von 5 000 subtrahiert werden und anschließend soll die Differenz um 3 238 vermehrt werden.
$(5\,000 - 210 \cdot 15) + 3\,238 = (5\,000 - 3\,150) + 3\,238$
$\qquad = 1\,850 + 3\,238$
$\qquad = 5\,088$

40 a)

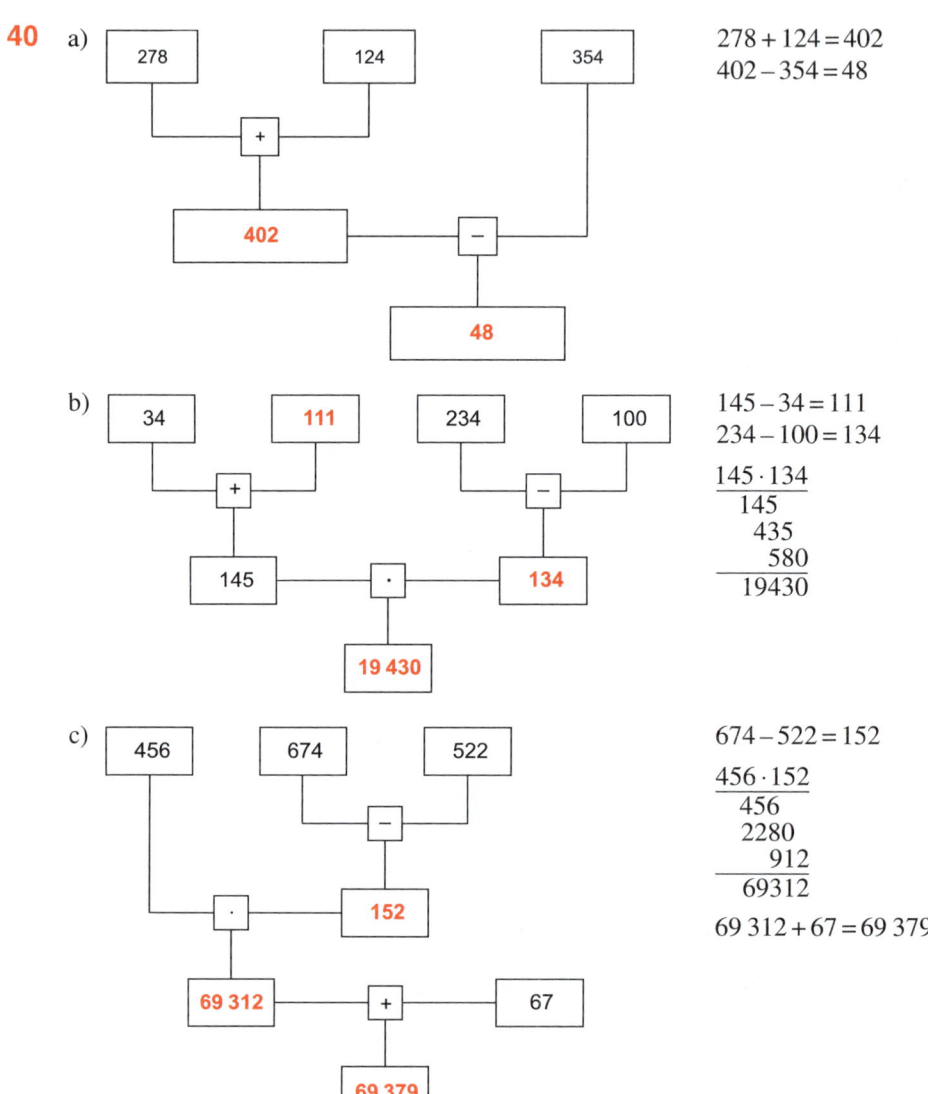

$278 + 124 = 402$
$402 - 354 = 48$

b)

$145 - 34 = 111$
$234 - 100 = 134$

$$\begin{array}{r} 145 \cdot 134 \\ \hline 145 \\ 435 \\ 580 \\ \hline 19430 \end{array}$$

c)

$674 - 522 = 152$

$$\begin{array}{r} 456 \cdot 152 \\ \hline 456 \\ 2280 \\ 912 \\ \hline 69312 \end{array}$$

$69\,312 + 67 = 69\,379$

41 a) Dividiere das Doppelte der Summe von 35 und 40 durch die Differenz von 213 und 198.

$$\begin{aligned} 2 \cdot (35 + 40) : (213 - 198) &= 2 \cdot 75 : 15 \\ &= 150 : 15 \\ &= \mathbf{10} \end{aligned}$$

b) Vermehre das Produkt aus den Zahlen 84 und 4 um den Quotienten von 92 und 23.

$$(84 \cdot 4) + (92 : 23) = 336 + 4$$
$$= \textbf{340}$$

42   a) $345 + 23 + 645 - 179 = 368 + 645 - 179$
$$= 1\,013 - 179$$
$$= \textbf{834} \quad \textbf{(Ü)}$$

b) $543 - (34 \cdot 5 + 67) + 56 = 543 - (170 + 67) + 56$
$$= 543 - 237 + 56$$
$$= 306 + 56$$
$$= \textbf{362} \quad \textbf{(B)}$$

c) $[456 + 30 \cdot (789 - 289)] + 892 = [456 + 30 \cdot 500] + 892$
$$= [456 + 15\,000] + 892$$
$$= 15\,456 + 892$$
$$= \textbf{16\,348} \quad \textbf{(E)}$$

d) $455 : 5 + 567 - (56 : 8) = 455 : 5 + 567 - 7$
$$= 91 + 567 - 7$$
$$= 658 - 7$$
$$= \textbf{651} \quad \textbf{(N)}$$

e) $(3\,456 - 738) + (3\,546 - 352) = 2\,718 + 3\,194$
$$= \textbf{5\,912} \quad \textbf{(I)}$$

f) $45 \cdot 4 + 65 - 7 \cdot 12 + 534 - 354 = 180 + 65 - 84 + 534 - 354$
$$= 245 - 84 + 534 - 354$$
$$= 161 + 534 - 354$$
$$= 695 - 354$$
$$= \textbf{341} \quad \textbf{(S)}$$

g) $[(123 : 3) - 11] : (103 - 93) = [41 - 11] : 10$
$$= 30 : 10$$
$$= \textbf{3} \quad \textbf{(T)}$$

h) $413 - 267 + 32 \cdot 7 - (34 + 56 - 13) = 413 - 267 + 224 - (90 - 13)$
$$= 413 - 267 + 224 - 77$$
$$= 146 + 224 - 77$$
$$= 370 - 77$$
$$= \textbf{293} \quad \textbf{(S)}$$

i) $(354 + 6\,271) - [524 + (156 \cdot 4)] = 6\,625 - [524 + 624]$
$$= 6\,625 - 1148$$
$$= \textbf{5\,477} \quad \textbf{(T)}$$

j) $36:6+72:(54-45)=36:6+72:9$
$$=6+8$$
$$=14 \quad (A)$$

k) $8\,945-536-463-67=8\,409-463-67$
$$=7\,946-67$$
$$=7\,879 \quad (R)$$

l) $[5+65\cdot3\cdot2-89+(34:2)]\cdot2=[5+65\cdot3\cdot2-89+17]\cdot2$
$$=[5+390-89+17]\cdot2$$
$$=[395-89+17]\cdot2$$
$$=[306+17]\cdot2$$
$$=323\cdot2$$
$$=646 \quad (K)$$

Lösungssatz: **ÜBEN IST STARK**

43 $91000:650=140$
650
2600
2600
  00

Für 91 000 dieser Süßstofftabletten benötigt man 140 Behältnisse.

44 $1\,200:40=30$
30 Arbeiter werden zum Aufforsten benötigt.

$1\,200\cdot14=16\,800$
16 800 Bäume werden in 14 Tagen gepflanzt.

45 $60:2=30$
In 1 h landen 30 Flugzeuge.

$30\cdot8=240$
In 8 h landen 240 Flugzeuge.

46 $57600:45=1\,280$
45
126
 90
 360
 360
   0

1 280 Kugelschreiberkisten werden in einer Schicht gefüllt.

47 $2356 \cdot 143$
2356
9424
7068
336908

Man findet auf 143 Buchseiten 336 908 Zeichen.

48 $1 + 2 + 63 + 61 + 27 = 154$
$167 - 154 = \mathbf{13}$

Der Neptun hat 13 Monde.

49 a) $25 \cdot 1\,550 = 38\,750$
$50\,000 - 38\,750 = \mathbf{11\,250}$

Es bleiben 11 250 Forellen übrig.

b) $11\,250 \cdot 10 = \mathbf{112\,500\ \text{€}}$

Der Umsatz beträgt 112 500 €.

50 a) $7 \cdot 60 = \mathbf{420}$

420 Züge verlassen wöchentlich den Bahnhof.

b) $420 : 5 = 84$
$84 \cdot 4 = 336$
$336 \cdot 145 = \mathbf{48\,720}$

48 720 Menüs müssen monatlich vorbereitet werden.

51 a)

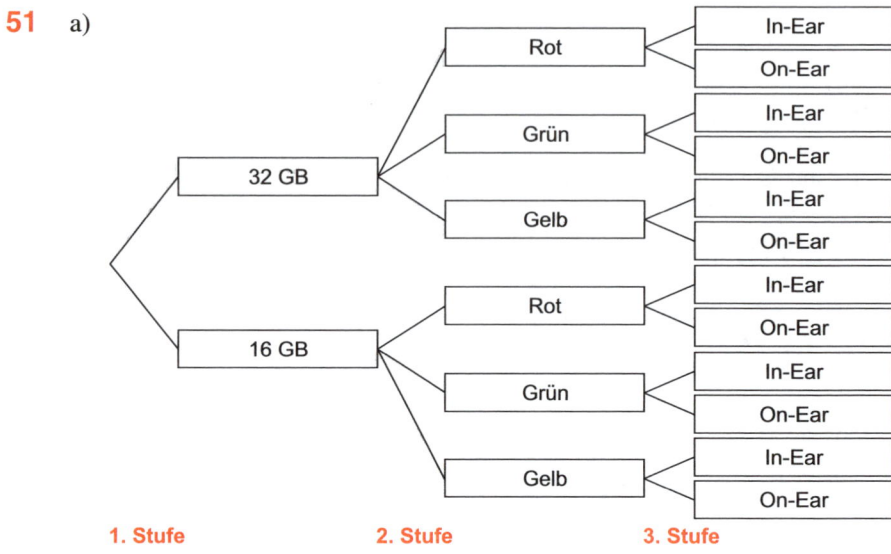

1. Stufe   **2. Stufe**   **3. Stufe**

Es gibt 12 Zweige, also **12 Möglichkeiten**.

b) Das Baumdiagramm besteht aus 3 Stufen, mit **2** Zweigen in der ersten Stufe, **3** Zweigen in der zweiten Stufe und wieder **2** Zweigen in der dritten Stufe:
$2 \cdot 3 \cdot 2 = 6 \cdot 2 =$ **12 Möglichkeiten**

52

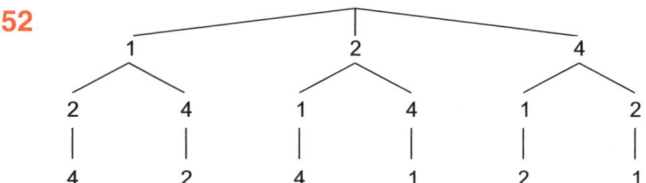

Es gibt $3 \cdot 2 \cdot 1 = 6$ Kombinationsmöglichkeiten.

Bestimmung der Summe aller möglichen Zahlen:
$$124 + 142 + 214 + 241 + 412 + 421 = 266 + 214 + 241 + 412 + 421$$
$$= 480 + 241 + 412 + 421$$
$$= 721 + 412 + 421$$
$$= 1133 + 421$$
$$= \mathbf{1554}$$

53 a) Um 13.00 Uhr laufen 2 Dokumentationen, um 17.00 Uhr werden 4 Dokumentationen gezeigt und um 20.00 Uhr gibt es 3 Dokumentationen zu sehen. Da Christopher immer nur eine der zeitgleich laufenden Dokumentationen sehen kann, gibt es insgesamt $2 \cdot 4 \cdot 3 =$ **24 Möglichkeiten**, am Dienstag 3 Dokumentationen zu sehen.

b)

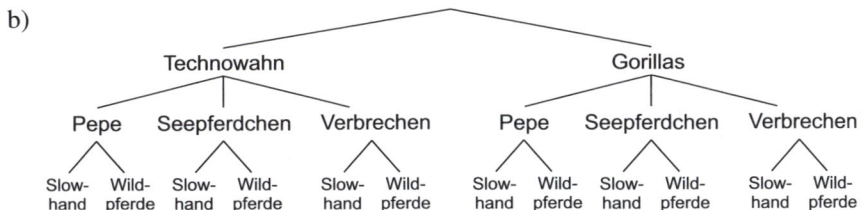

Es gibt 2 · 3 · 2 = **12 Möglichkeiten**, die Dokumentationen miteinander zu kombinieren.

Abfolgen mit „Wildpferde":
Technowahn – Pepe – Wildpferde
Technowahn – Seepferdchen – Wildpferde
Technowahn – Verbrechen – Wildpferde
Gorillas – Pepe – Wildpferde
Gorillas – Seepferdchen – Wildpferde
Gorillas – Verbrechen – Wildpferde

54
- Für das erste Lied gibt es 5 Möglichkeiten.
- Das erste Lied kann mit 4 weiteren Liedern kombiniert werden, also gibt es 5 · 4 = 20 Möglichkeiten.
- Diese 20 Möglichkeiten können mit je 3 weiteren Liedern kombiniert werden, also 20 · 3 = 60 Möglichkeiten.
- usw.

Insgesamt ergeben sich 5 · 4 · 3 · 2 · 1 = **120 mögliche Reihenfolgen**.

55 Mit den drei Legosteinen können 3 · 2 · 1 = **6** verschiedene Türme gebaut werden. Mit einem vierten Legostein können 4 · 3 · 2 · 1 = **24** verschiedene Türme gebaut werden.

56 Es gibt insgesamt 5 · 4 · 2 = **40 Möglichkeiten**.

57
- Für die erste Zahl hat er 10 Möglichkeiten (0; 1; 2; 3; 4; 5; 6; 7; 8; 9).
- Für die zweite Zahl hat er auch 10 Möglichkeiten, also bislang 10 · 10 = 100 Möglichkeiten.
- Für die dritte Zahl hat er wieder 10 Möglichkeiten.

Er kann jede der 100 Möglichkeiten mit einer weiteren Zahl kombinieren.
Insgesamt gibt es bei einem Zahlenschloss mit drei drehbaren Zahlenscheiben also 10 · 10 · 10 = 100 · 10 = **1 000 Möglichkeiten**.

58 • Für die Farbe des obersten Streifens der Flagge gibt es 5 Möglichkeiten.
• Für jede dieser 5 Möglichkeiten gibt es für den mittleren Streifen 4 Möglichkeiten.
Für die Farben der zwei oberen Streifen gibt es also $5 \cdot 4 = 20$ Möglichkeiten.
• Für jede dieser 20 Möglichkeiten kann der unterste Streifen noch auf 3 verschiedene Arten gefärbt werden.
Insgesamt gibt es für die Farbanordnung der Flagge also $5 \cdot 4 \cdot 3 = 20 \cdot 3 = \mathbf{60\ Möglichkeiten}$.

59 a) Schneller als das Aufschreiben aller möglichen Zahlen geht Rechnen:
Es gibt $4 \cdot 3 \cdot 2 \cdot 1 = \mathbf{24\ Möglichkeiten}$.

b) Zunächst müssen alle möglichen Zahlen gefunden werden. Dafür gibt es verschiedene Vorgehensweisen. Die einfachste ist, die Ziffern der Größe nach zu notieren.

2 346	**2 364**	**2 436**	2 463	**2 634**	2 643
3 246	**3 264**	**3 426**	**3 462**	**3 624**	**3 642**
4 236	4 263	**4 326**	**4 362**	4 623	**4 632**
6 234	6 243	**6 324**	**6 342**	6 423	**6 432**

Eine Zahl ist durch 2 teilbar, wenn sie gerade ist. Diese Zahlen sind oben rot hervorgehoben. Aus den 4 vorgegebenen Ziffern lassen sich **18 Zahlen** bilden, die durch 2 teilbar sind.

60
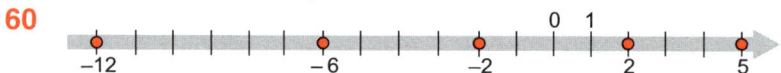
Zwischen −6 und +5 liegen die ganzen Zahlen −5, −4, −3, −2, −1, 0, 1, 2, 3 und 4.

61 a) $+15 > +11 > +3 > 0 > -2 > -7 > -15$

b) $+225 > +78 > +17 > -18 > -25 > -125$

62

Stadt	Temperatur
Edmonton	−15 °C
Winnipeg	−9 °C
Anchorage	−5 °C
Chicago	0 °C
Denver	1 °C

Montreal	3 °C
Vancouver	5 °C
Havanna	7 °C
San Francisco	10 °C
Los Angeles	15 °C
New York	15 °C
Houston	25 °C
Mexico City	28 °C
Honolulu	30 °C

63 a) $-4 > -6$ b) $-11 < 0$

c) $+237 > -45$ d) $-71 < +70$

e) $+13 > -14$ f) $-300 < +250$

$-300 < -71 < -45 < -14 < -11 < -6 < -4 < 0 < 13 < 70 < 237 < 250$

64 a) $-57 < -56 < -55$

b) $11 < 12 < 13$

c) $-7 < -6 < -5$

d) $-112 < -111 < -110$

e) $-1 < 0 < 1$

f) $-2 < -1 < 0$

65 a) Helium, Wasserstoff, Stickstoff, Luft, Sauerstoff, Kohlenstoffdioxid, Chlor

b) Kohlenstoffdioxid und Sauerstoff   Entscheidend ist, welche Siedepunkte am nächsten an -104 °C liegen.

c) Chlor, Kohlenstoffdioxid, Luft, Sauerstoff   Welche Stoffe haben eine höhere Siedetemperatur als -196 °C?

66 a) Müller: +50 €   Schulden bekommen ein negatives Vorzeichen, Beträge, die zu viel überwiesen wurden, ein positives Vorzeichen.
Mayer: -120 €
Lehmann: -460 €
Schmidt: -610 €
Schröder: +20 €

b) $120\ € + 460\ € + 610\ € = 1\ 190\ €$ Addiere die Schuldbeträge.
    $50\ € + 20\ € = 70\ €$ Addiere die Beträge, die zu viel überwiesen wurden.
    Er bekommt noch 1 190 €. Es
    wurden 70 € zu viel überwiesen.

c) $1\ 190\ € - 70\ € = 1\ 120\ €$ Subtrahiere den noch ausstehenden Betrag von den Schulden.
    Das ausstehende Geld würde zum
    Kauf der Kabel ausreichen.

67 a) Troposphäre: $-20\,°C$
      Stratosphäre: $-50\,°C$
      Mesosphäre: $-70\,°C$
      Thermosphäre: $-95\,°C$

b) $(-20\,°C) - (-95\,°C) = 75\,°C$ Berechne die Differenz der beiden Temperaturen.
    Es herrscht ein Temperaturunter-
    schied von 75 °C.

c) Troposphäre, Stratosphäre, Mesosphäre,
    Thermosphäre

68 a) $|-4| + 5 = 4 + 5 = 9$

b) $|-17| - 8 = 17 - 8 = 9$

c) $8 + |-11| - 9 = 8 + 11 - 9 = 10$

d) $12 + |-28| - 4 - |8| = 12 + 28 - 4 - 8 = 28$

e) $4 + |-9| + |-35| - 17 = 4 + 9 + 35 - 17 = 31$

f) $|54| - |-14| + 2 + |-6| = 54 - 14 + 2 + 6 = 48$

69 a) $(-3) + (-5) = -(3 + 5) = -8$ Addiere die Beträge der Summanden.
                                     $3 + 5 = 8$. Beide Summanden haben negatives Vorzeichen, setze als Vorzeichen also $-$.

    Darstellung an der Zahlengeraden:

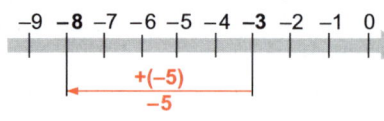

    $(-3) + (-5) = -8$

b) $(+7)+(-4)=+(7-4)=+3$

Der Betrag von +7 ist größer als der Betrag von −4. Rechne also $7-4=3$ und setze als Vorzeichen das Vorzeichen von +7.

Darstellung an der Zahlengeraden:

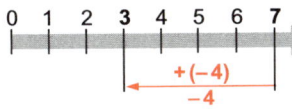

$(+7)+(-4)=+3$

c) $(-5)-(-2)+(+6)=(-5)+(+2)+(+6)$
$\quad\quad\quad\quad\quad\quad = -(5-2)+(+6)$
$\quad\quad\quad\quad\quad\quad = -3+(+6)$
$\quad\quad\quad\quad\quad\quad = +(6-3)$
$\quad\quad\quad\quad\quad\quad = +3$

Schreibe $(-5)-(-2)$ als Addition mit ungleichen Vorzeichen: Der Betrag von −5 ist größer als der Betrag von +2. Rechne also $5-2=3$ und setze als Vorzeichen das Vorzeichen von −5.
Der Betrag von +6 ist größer als der Betrag von −3. Rechne also $6-3$ und setze als Vorzeichen das Vorzeichen von +6.

Darstellung an der Zahlengeraden:

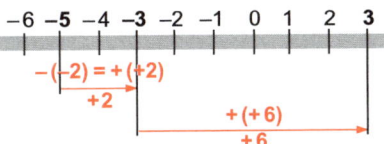

$(-5)-(-2)+(+6)=+3$

d) $(+3)+(-1)-(-8)=+(3-1)-(-8)$
$\quad\quad\quad\quad\quad\quad = +2-(-8)$
$\quad\quad\quad\quad\quad\quad = +2+(+8)$
$\quad\quad\quad\quad\quad\quad = +(2+8)$
$\quad\quad\quad\quad\quad\quad = +10$

Der Betrag von +3 ist größer als der Betrag von −1. Rechne also $3-1=2$ und setze als Vorzeichen das Vorzeichen von +3.
Schreibe $+2-(-8)$ als Addition mit gleichen Vorzeichen: Addiere die Beträge der Summanden $2+8=10$. Beide Summanden haben positives Vorzeichen, setze als Vorzeichen also +.

Darstellung an der Zahlengeraden:

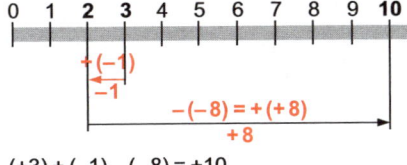

$(+3)+(-1)-(-8)=+10$

70 a) $(+3)+(-12)=3-12=-9$ + und − ergibt −

b) $(-14)+(-12)=-14-12=-26$ + und − ergibt −

c) $(-22)-(-21)=-22+21=-1$ − und − ergibt +

d) $(+18)-(-6)=18+6=+24$ − und − ergibt +

e) $(-34)+(+41)=-34+41=+7$ + und + ergibt +

f) $(+7)-(+2)=7-2=5$ – und + ergibt –

g) $(-65)-(+96)=-65-96=-161$ – und + ergibt –

h) $(+88)+(+12)=88+12=+100$ + und + ergibt +

71 a) Die Zahl heißt $(+160)$.
       Probe: $-110+160=\textbf{50}$

     b) Die Zahl heißt (-93).
       Probe: $(+51)+(-93)=51-93=\textbf{−42}$

     c) Die Zahl heißt -108.
       Probe: $(+94)-(+108)=(+94)-108=\textbf{(−14)}$

     d) $-12+[(-48)+(-86)]=-12+[-48-86]$
$$=-12+[-134]$$
$$=-12-134$$
$$=\textbf{−146}$$

     e) $88-(-99)=88+99=\textbf{187}$

72 $519\ \text{m}-(-430\ \text{m})=519\ \text{m}+430\ \text{m}=\textbf{949 m}$
Die Aussage ist richtig.

73 a) größter Summenwert:
       $(-15)+(+6)+(-71)$ ☐
       $(-15)+(+6)+(+32)$ ☒
       $(-15)+(-54)+(-71)$ ☐

        Gesucht ist die Summe mit den drei größten Summanden.

     b) größter Differenzwert:
       $(-54)-(+6)-(-15)$ ☐
       $(+6)-(-71)-(-54)$ ☐
       $(+32)-(-54)-(-71)$ ☒

        Gesucht ist die Differenz mit dem größten Minuenden und den zwei kleinsten Subtrahenden.

     c) kleinster Summenwert:
       $(-71)+(+6)+(-54)$ ☐
       $(-15)+(-71)+(-54)$ ☒
       $(-15)+(+6)+(+32)$ ☐

        Gesucht ist die Summe mit den drei kleinsten Summanden.

     d) kleinster Differenzwert:
       $(+6)-(-54)-(-71)$ ☐
       $(-15)-(+6)-(+32)$ ☐
       $(-74)-(+6)-(-15)$ ☒

        Gesucht ist die Differenz mit dem kleinsten Minuenden und den zwei größten Subtrahenden.

74 a) Rechnungen:

    6 Uhr: $150\ \text{cm} - 108\ \text{cm} = \textbf{42 cm}$

    9 Uhr: $150\ \text{cm} - 144\ \text{cm} = \textbf{6 cm}$

    12 Uhr: $150\ \text{cm} - 138\ \text{cm} = \textbf{12 cm}$

    15 Uhr: $150\ \text{cm} - 162\ \text{cm} = -12\ \text{cm}$ Abweichung: **12 cm**

    18 Uhr: $150\ \text{cm} - 216\ \text{cm} = -66\ \text{cm}$ Abweichung: **66 cm**

    21 Uhr: $150\ \text{cm} - 196\ \text{cm} = -46\ \text{cm}$ Abweichung: **46 cm**

b) größter Wellenunterschied: $216\ \text{cm} - 108\ \text{cm} = \textbf{108 cm}$

   kleinster Wellenunterschied: $144\ \text{cm} - 138\ \text{cm} = \textbf{6 cm}$

c) $150\ \text{cm} + 35\ \text{cm} = 500\ \text{cm}$

   Die Wellen sind dann mindestens **500 cm** hoch.

75

+	−22	−35	23	−50
−11	**−33**	**−46**	**+12**	**−61**
46	**+24**	**+11**	**+69**	**−4**
−26	**−48**	**−61**	**−3**	**−76**
−19	**−41**	**−54**	**+4**	**−69**

76 a) $[25 - (-31)] + [25 + (-31)]$ – und – ergibt +; + und – ergibt –

    $= [25 + 31] + [25 - 31]$

    $= 56 + (-6)$ + und – ergibt –

    $= 56 - 6$

    $= \textbf{50}$

b) $[(-37) - (-78)] - (39 + 67)$ – und – ergibt +

    $= [-37 + 78] - (+106)$ – und + ergibt –

    $= 41 - 106$

    $= \mathbf{-65}$

77 a) $(-8) + (-12) = -20$ Überlege, welche Zahl du zu −8 addieren musst, um −20 zu erhalten. Die Lösung ist −12. Deswegen gehört in das Kästchen ein +, denn das Vorzeichen der (−12) ist −. + und − ergibt −.

b) $\textbf{(+45)} - (+30) = +15$ Eine andere Schreibweise für diese Aufgabe ist: $\square - 30 = 15$

                                          Überlege dir, von welcher Zahl du 30 subtrahieren musst, um 15 zu erhalten.

c) $(+14)-(-17)=+31$

$14+17=31$
Das Vorzeichen der 17 ist –. Deswegen muss auch das Rechenzeichen – sein, denn – und – ergibt +.

d) $5+9-(-22)=36$

$5+9+22=36$
Das Vorzeichen der 9 ist +. Das Rechenzeichen muss deshalb auch + sein. Das Vorzeichen der (–22) ist –. Deshalb muss das Rechenzeichen ein – sein.

e) $(-53)+(-27)=(-80)$

Welche Zahl musst du von (–53) abziehen, um (–80) zu erhalten?
$-53-27=-80$
Das Rechenzeichen ist ein +, schreibe deshalb (–27) in das Kästchen.

f) $7+(-8)-(-1)=0$

$7-8+1=0$
Das Vorzeichen der 8 ist –.
Das Rechenzeichen muss deshalb + sein. Das Vorzeichen der 1 ist –. Das Rechenzeichen muss deshalb – sein.

oder:
$7-(-8)-15=0$

$7+8-15=0$
Das Vorzeichen der 8 ist –.
Das Rechenzeichen muss deshalb – sein. Das Vorzeichen der 15 ist +. Das Rechenzeichen muss deshalb – sein.

78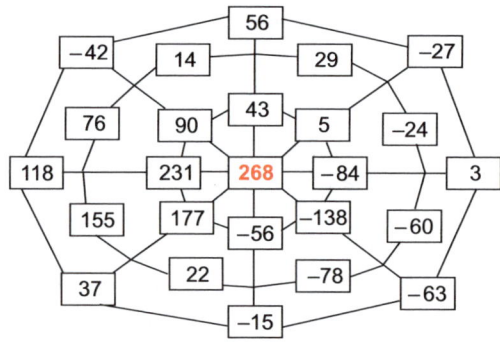

79 a) $-24+26-25+52=2-25+52=-23+52=29$

b) $(16-32)+(-36+41)=-16+5=-11$

c) $5-74-18+12=-69-18+12=-87+12=-75$

d) $(-39+83-128)-(53-70)=(44-128)-(-17)=-84+17=-67$

e) $16-[38+(37-58)]=16-[38+(-21)]=16-(38-21)=16-17=-1$

f) $324 - [5 - (43 - 170) - (29 + 142)] = 324 - [5 - (-127) - 171]$
$$= 324 - (5 + 127 - 171)$$
$$= 324 - (132 - 171)$$
$$= 324 - (-39)$$
$$= 324 + 39$$
$$= \mathbf{363}$$

80 a) $(-4) \cdot (-6) = \mathbf{+24}$

b) $(-15) \cdot (+2) \cdot (-5) = (-30) \cdot (-5) = \mathbf{+150}$

c) $(+10) \cdot (+4) \cdot (-250) = (+40) \cdot (-250) = \mathbf{-10\,000}$

d) $(-12) \cdot (-3) \cdot (+5) \cdot (+7) = (+36) \cdot (+5) \cdot (+7) = (+180) \cdot (+7) = \mathbf{+1\,260}$

81 a) $(-7) \cdot \mathbf{(-6)} = (+42)$

b) $\mathbf{(-5)} \cdot (+17) = (-85)$

c) $(-125) \cdot \mathbf{(-4)} = (+500)$

d) $(-4) \cdot \mathbf{(+25)} \cdot (-10) = (-1\,000)$

82

·	110	−5	−2	50
−8	**−880**	**+40**	**+16**	**−400**
20	**+2 200**	**−100**	**−40**	**+1 000**
−75	**−8 250**	**+375**	**+150**	**−3 750**

83 $-(2 \cdot 11\ €) - (+15\ €) - (3 \cdot 7\ €) = -22\ € - 15\ € - 21\ €\ \ -58\ €$

Tim hat insgesamt 58 € Schulden.

84 $180 : (-15) = \mathbf{-12}$ $(4 \rightarrow \mathbf{K})$
$-102 : (-6) = \mathbf{17}$ $(5 \rightarrow \mathbf{E})$
$-1\,250 : (-25) = \mathbf{50}$ $(3 \rightarrow \mathbf{R})$
$156 : 12 = \mathbf{13}$ $(1 \rightarrow \mathbf{Z})$
$-405 : 45 = \mathbf{-9}$ $(6 \rightarrow \mathbf{L})$
$-360 : 8 = \mathbf{-45}$ $(2 \rightarrow \mathbf{I})$

1	2	3	4	5	6
Z	**I**	**R**	**K**	**E**	**L**

85 a) $-172:(+4)=\mathbf{-43}$

b) $\mathbf{-54}:(-3)=18$

c) $108:(\mathbf{-9})=-12$

d) $\mathbf{-275}:25=-11$

86 a) Rechnung:

$72:(-6)=\mathbf{-12}$

Die Zahl heißt (-12).

Probe:

$-12\cdot(-6)=72$

b) Rechnung:

$-104:8=\mathbf{-13}$

Die Zahl heißt (-13).

Probe:

$-13:8=-104$

87 a) $3+7\cdot13-27=3+91-27$

$=94-27$

$=\mathbf{67}$

b) $3\,660:12-590:5=305-118$

$=\mathbf{187}$

c) $110:11-18-225:25=10-18-9$

$=-8-9$

$=\mathbf{-17}$

d) $-749+(142+233):3=-749+375:3$

$=-749+125$

$=\mathbf{-624}$

88 a) $-7\cdot[-9+(-5)]=(-7)\cdot(-9)+(-7)\cdot(-5)$

$=63+(+35)$

$=\mathbf{98}$

b) $(18-13)\cdot(-3)=18\cdot(-3)-13\cdot(-3)$

$=-54-(-39)$

$=-54+39$

$=\mathbf{-15}$

c) $(-125+450):25=-125:25+450:25$

$=-5+18$

$=\mathbf{13}$

d) $[42+(-70)]:7=42:7+(-70):7$

$=6+(-10)$

$=\mathbf{-4}$

89 a) $14 \cdot (-4) - 14 \cdot 12 = 14 \cdot (-4 - 12)$
$$= 14 \cdot (-16)$$
$$= -224$$

b) $8 \cdot 7 + (-9) \cdot 7 = [8 + (-9)] \cdot 7$
$$= (8 - 9) \cdot 7$$
$$= (-1) \cdot 7$$
$$= -7$$

c) $72 : (-24) - 24 : (-24) = (72 - 24) : (-24)$
$$= 48 : (-24)$$
$$= -2$$

d) $37 : 50 - (-13) : 50 = [37 - (-13)] : 50$
$$= (37 + 13) : 50$$
$$= 50 : 50$$
$$= 1$$

90 a) $5 \cdot 4 + 4 \cdot 7 + 4 \cdot 8 = 4 \cdot (5 + 7 + 8)$
$$= 4 \cdot (12 + 8)$$
$$= 4 \cdot 20$$
$$= 80$$

b) $22 : 3 - 4 : 3 = (22 - 4) : 3$
$$= 18 : 3$$
$$= 6$$

91 $-4\,225 \,€ + 7\,850 \,€ - 515 \,€ + 1\,745 \,€ + 2\,575 \,€$
$= 3\,625 \,€ - 515 \,€ + 1\,745 \,€ + 2\,575 \,€$
$= 3\,110 \,€ + 1\,745 \,€ + 2\,575 \,€$
$= 4\,855 \,€ + 2\,575 \,€$
$= 7\,430 \,€$ **Haben**

92 a) Der Höhenunterschied von Rosenheim zum Alpenhauptkamm beträgt:
$3\,000 \,\text{m} - 500 \,\text{m} = 2\,500 \,\text{m}$

Die Temperatur der Luftmassen steigt beim Absinken auf der Alpennordseite pro 100 Höhenmeter um 1 °C. Wegen $2\,500 \,\text{m} : 100 \,\text{m} = 25$ steigt die Temperatur demnach um $25 \cdot 1 \,°\text{C} = 25\,°\text{C}$.

Die Föhnwindtemperatur in Rosenheim beträgt also $-5\,°\text{C} + 25\,°\text{C} = 20\,°\text{C}$.

b) Aus der Höhe von 1 000 m müssen die Luftmassen bis zum Alpenhauptkamm noch um 3 000 m − 1 000 m = 2 000 m aufsteigen. Wegen 2 000 m : 1 000 m = 2 nimmt die Luftmassentemperatur dabei um 2 · 8 °C = 16 °C ab.
Auf italienischer Seite ist es in 1 000 m Höhe somit um 16 °C wärmer als auf dem Alpenhauptkamm. Die Temperatur beträgt also −5 °C + 16 °C = **11 °C**.

93 a) $23 \cdot 11 - 524 = 253 - 524$
$$= \mathbf{-271}$$

b) $444 : 111 - (+55) = 4 - 55$
$$= \mathbf{-51}$$

c) $-36 : (-9) + (-96) : 12 = 4 + (-8)$
$$= \mathbf{-4}$$

94 a) $(12 - 13 \cdot 4) : 2 - (-88 : 11) = (12 - 52) : 2 - (-8)$
$$= -40 : 2 + 8$$
$$= -20 + 8$$
$$= \mathbf{-12}$$

b) $[-11 + 3^3 \cdot 21] + 4^2 = [-11 + 27 \cdot 21] + 16$
$$= [-11 + 567] + 16$$
$$= 556 + 16$$
$$= \mathbf{572}$$

c) $(-224 - 136) \cdot (-68 + 72) = -360 \cdot 4$
$$= \mathbf{-1\,440}$$

d) $(145 \cdot 5) - 5^3 + 2^4 \cdot (2\,120 - 2\,220) = 725 - 125 + 16 \cdot (-100)$
$$= 600 - 1\,600$$
$$= \mathbf{-1\,000}$$

e) $-25 \cdot (-14) \cdot (-8) - (475 + 650) = 350 \cdot (-8) - 1\,125$
$$= -2\,800 - 1\,125$$
$$= \mathbf{-3\,925}$$

Der Buchstabe ist ein **L**.

1 005	572	84	−4 140
752	−12	−4	−5 671
−500	−1 000	4 011	500
−623	−3 925	−1 440	995

95   a) 3 456 cm = 345,6 dm = **34,56 m**

b) 0,045 m = 0,45 dm = **4,5 cm**

c) 35 km = 35 000 m = 350 000 dm = **3 500 000 cm**

96   a) 6 790 kg = **6 790 000 g**

b) 23 145 mg = **23,145 g**

c) 630 mg = 0,630 g = **0,000630 kg**

d) $\frac{1}{2}$ t = 0,5 t = **500 kg**

97   a) 65 h = 65 · 60 min = **3 900 min**

b) 4 320 min = 4 320 : 60 h = 72 h = 72 : 24 d = **3 d**

98   a) 4,99 € = **499 ct**

b) 8,95 ct = **0,0895 €**

99   a) $\frac{3}{4}$ ℓ = 0,75 ℓ = **750 mℓ**

b) 326 ℓ = **3,26 hℓ**

c) 532 mℓ = **0,532 ℓ**

d) 1 833 ℓ = **1 833 000 mℓ**

e) 0,329 hℓ = **32,9 ℓ**

f) 4 cℓ = **40 mℓ**

g) 45 cℓ = **0,45 ℓ**

h) 550 mℓ = **55 cℓ**

i) 5 400 mℓ = **5,4 ℓ**

j) 763 hℓ = **76 300 ℓ**

100 Becher: 0,252 ℓ
Flasche: 750 mℓ = 0,75 ℓ
Eimer: 936,5 cℓ = 9,365 ℓ
Fass: 50 ℓ
Planschbecken: 1,52 hℓ = 152 ℓ

25 mℓ bleiben übrig.

101 a) 100 $c\ell$ – 81 $c\ell$ = 19 $c\ell$ = **190 $m\ell$**

b) 1 000 $m\ell$ – 200 $m\ell$ = **800 $m\ell$**

c) 1 000 $m\ell$ – 410 $m\ell$ = **590 $m\ell$**

d) 100 $c\ell$ – 18 $c\ell$ = 82 $c\ell$ = **820 $m\ell$**

e) $\frac{1}{4}$ ℓ = 0,25 ℓ = 250 $m\ell$ also fehlen: 1 000 $m\ell$ – 250 $m\ell$ = **750 $m\ell$**

f) 0,004 $h\ell$ = 0,4 ℓ = 400 $m\ell$ also fehlen: 1 000 $m\ell$ – 400 $m\ell$ = **600 $m\ell$**

102 a) 345 mm = **34,5 cm**

b) 85 600 g = **85,6 kg**

c) 5 670 m = **5,67 km**

d) 30 s = 30 : 60 min = **0,5 min**

e) 89 kg = **0,089 t**

f) 5 000 ct = **50 €**

g) 51 mg = **0,051 g**

h) 135 s = 120 s + 15 s = 120 : 60 min + 15 s = **2 min 15 s**

i) 888 cm = **88,8 dm**

j) 19 m = **0,019 km**

103 a) Umrechnen in g:
500 g
0,51 t = 510 kg = 510 000 g
5 000 mg = 5 g
550 kg = 550 000 g

Vergleichen der Zahlen liefert:
5 g   < 500 g < 510 000 g < 550 000 g oder
5 000 mg < 500 g < 0,51 t   < 550 kg

b) Umrechnen in cm:
780 cm
7 810 dm = 78 100 cm
7 800 m = 780 000 cm
0,078 km = 7 800 cm

Vergleichen der Zahlen liefert:
780 cm < 7 800 cm < 78 100 cm < 780 000 cm oder
780 cm < 0,078 km < 7 810 dm < 7 800 m

104

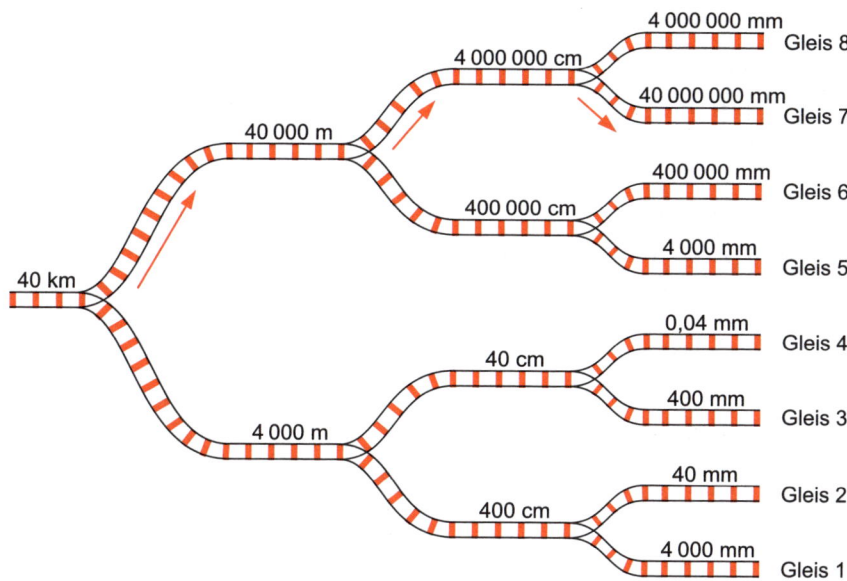

40 km = 40 000 m = 4 000 000 cm = 40 000 000 mm
Der Zug kommt auf **Gleis 7** an.

105
a) 567,98 € = **567 € 98 ct**

b) 98,99 € = **98 € 99 ct**

c) 1,05 kg = **1 kg 50 g**

d) 13,5628 km = **13 km 562 m 8 dm**

e) 120,5 ℎ𝑙 = **120 ℎ𝑙 50 𝑙**

f) 89,3 𝑐𝑙 = **89 𝑐𝑙 3 𝑚𝑙**

106
a) 6 min 45 s = **6,75 min**

b) 9 t 78 kg = **9,078 t**

c) 34 g 8 mg = **34,008 g**

d) 789 m 43 cm = **789,43 m**

e) 67 km 54 m = **67,054 km**

f) 56 dm 76 cm = **63,6 dm**

g) 4 𝑙 33 𝑚𝑙 = **4,033 𝑙**

h) 1 250 ℎ𝑙 99 𝑙 = **1 250,99 ℎ𝑙**

107   a) 6 g 50 mg = **6 050 mg**

        b) 56 cm 8 mm = **568 mm**

        c) 8 min 2 s = **482 s**

        d) 76 € 12 ct = **7 612 ct**

        e) 1 m 1 cm = **101 cm**

        f) 7 t 456 kg = **7 456 kg**

        g) 57 $h\ell$ 63 ℓ = **5 763 ℓ**

        h) 12 ℓ 1 $m\ell$ = **12 001 $m\ell$**

108   a) • 1 000 mg − 560 mg = **440 mg**
           • 1 000 mg − 470 mg = **530 mg**
           • 0,1 g 90 mg = 190 mg; 1 000 mg − 190 mg = **810 mg**

        b) • 1 000 g − 420 g = **580 g**
           • 750 000 mg = 750 g; 1 000 g − 750 g = **250 g**
           • 620 g 5 000 mg = 625 g; 1 000 g − 625 g = **375 g**

        c) • 1 000 kg − 789 kg = **211 kg**
           • 454 kg 256 g = 454 256 g; 1 000 000 g − 454 256 g = 545 744 g = **545 kg 744 g**
           • 1 000 000 g − 78 900 g = 921 100 g = **921,1 kg**

109   a) 23 ct + 56 € = 23 ct + 5 600 ct = **5 623 ct**

        b) 78,3 km + 456 m − 34 000 cm = 7 830 000 cm + 45 600 cm − 34 000 cm
                                           = **7 841 600 cm**

           Nebenrechnungen:

	7 830 000		7 875 600
+	45 600	−	34 000
	7 875 600		7 841 600

        c) 0,5 ℓ − 3 $c\ell$ − 5 $m\ell$ = 500 $m\ell$ − 30 $m\ell$ − 5 $m\ell$ = **465 $m\ell$**

        d) 13 mm + 13 cm + 13 dm + 13 m = 13 mm + 130 mm + 1 300 mm + 13 000 mm
                                         = **14 443 mm**

        e) 3 456 mg + 92 g = 3 456 mg + 92 000 mg = **95 456 mg**

        f)   653 cm + 7 m − 2,5 dm = 653 cm + 700 cm − 25 cm = **1 328 cm**

        g) 12 € 45 ct − 480 ct = 1 245 ct − 480 ct = **765 ct**

h) $3 \text{ kg } 400 \text{ g} + 900 \text{ g} - 1\,200 \text{ mg} = 3\,400 \text{ g} + 900 \text{ g} - 1\,200 \text{ mg}$
$$= 3\,400\,000 \text{ mg} + 900\,000 \text{ mg} - 1\,200 \text{ mg}$$
$$= 4\,300\,000 \text{ mg} - 1\,200 \text{ mg}$$
$$= \mathbf{4\,298\,800 \text{ mg}}$$

110 Der höchste Turm ist 263 m hoch.

$263 \text{ m} - 120 \text{ m} = \mathbf{143 \text{ m}}$

$263 \text{ m} - 75 \text{ m} = \mathbf{188 \text{ m}}$

$263 \text{ m} - 18\,500 \text{ cm} = 263 \text{ m} - 185 \text{ m}$
$$= \mathbf{78 \text{ m}}$$

$263 \text{ m} - 0{,}15 \text{ km} = 263 \text{ m} - 150 \text{ m}$
$$= \mathbf{113 \text{ m}}$$

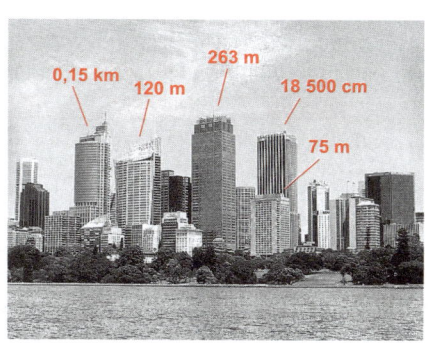

111 a) $5 \text{ kg } 300 \text{ g} \cdot 5 = 5\,300 \text{ g} \cdot 5 = \mathbf{26\,500 \text{ g}}$

b) $34 \text{ m } 600 \text{ cm} : 8 = 4\,000 \text{ cm} : 8 = \mathbf{500 \text{ cm}}$

c) $450 \text{ } \ell \text{ } 50\,000 \text{ } m\ell : 10 = 500\,000 \text{ } m\ell : 10 = \mathbf{50\,000 \text{ } m\ell}$

d) $15 \cdot 0{,}125 \text{ kg} = 15 \cdot 125 \text{ g} = \mathbf{1\,875 \text{ g}}$
Nebenrechnung: $\underline{15 \cdot 125}$
$$\begin{array}{r} 15 \\ 30 \\ \underline{75} \\ 1875 \end{array}$$

e) $22 \text{ g } 10 \text{ mg} \cdot 3 = 22\,010 \text{ mg} \cdot 3 = \mathbf{66\,030 \text{ mg}}$

f) $120 \text{ cm } 120 \text{ mm} : 5 = 1\,320 \text{ mm} : 5 = \mathbf{264 \text{ mm}}$

g) $38 \text{ km } 153 \text{ m} \cdot 5 = 38\,153 \text{ m} \cdot 5 = \mathbf{190\,765 \text{ m}}$

h) $21 \cdot 0{,}05 \text{ km } 1 \text{ m} = 21 \cdot 51 \text{ m} = \mathbf{1\,071 \text{ m}}$

112 a) $3 \text{ min} = 3 \cdot 60 \text{ s} = \mathbf{180 \text{ s}}$
3 Minuten sind 180 Sekunden.

b) $12 \text{ d} = 12 \cdot 24 \text{ h} = \mathbf{288 \text{ h}}$
12 Tage sind 288 Stunden.

c) $2 \text{ d} = 2 \cdot 24 \text{ h} = 2 \cdot 24 \cdot 60 \text{ min} = 48 \cdot 60 \text{ min} = \mathbf{2\,880 \text{ min}}$
2 Tage sind 2 880 Minuten.

d) $5\,475\,d = 15 \cdot 365\,d = \textbf{15 a}$

Nebenrechnung: $5475 : 365 = 15$
$$\frac{365}{825}$$
$$\frac{825}{0}$$

5 475 Tage sind 15 Jahre.

113 Der Maßstab lautet **1 : 100 000**.

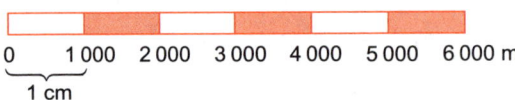

114 Länge im Plan: Länge in Wirklichkeit:
12 cm   **60 km**
12 cm   6 000 000 cm
1 cm   500 000 cm

Der Maßstab lautet **1 : 500 000**.

115 1 cm auf dem Plan entspricht 100 cm in Wirklichkeit.
$20\,cm \cdot 100 = 2\,000\,cm = \textbf{20 m}$

Die Mauer ist in Wirklichkeit 20 m lang.

116 Länge im Mikroskop: Länge in Wirklichkeit:
4 cm   **8 mm**
40 mm   8 mm
5 mm   1 mm

Der Maßstab lautet **5 : 1**.

117 $40\,mm : 10 = \textbf{4 mm}$
Der Buchstabe ist in Wirklichkeit 4 mm groß.

118 $(80\,€ + 40\,€) : 60 = 120\,€ : 60 = \textbf{2 €}$
Um 80 € zu verdienen, muss ein Roggenbrot für 2 € verkauft werden.

119 Rechne in Millilitern.
$0,5\,\ell = 500\,m\ell$
$4 \cdot 12 \cdot 1\,\ell = 48\,\ell = 48\,000\,m\ell$
$48\,000\,m\ell : 500\,m\ell = \textbf{96}$
Es können 96 0,5-ℓ-Gläser ausgeschenkt werden.

120 Rechne in Cent.

$(340 \text{ ct} \cdot 2) \cdot 12 - 7\,500 \text{ ct} = 680 \text{ ct} \cdot 12 - 7\,500 \text{ ct}$ Nebenrechnung: $680 \cdot 12$

$= 8\,160 \text{ ct} - 7\,500 \text{ ct}$ $\underline{680}$

$= \mathbf{660 \text{ ct}}$ $\underline{1360}$

8160

Im Jahresabonnement ist die Zeitschrift 660 ct = 6,60 € günstiger.

121 Rechne in Cent.

$(3 \cdot 1\,200 \text{ ct}) + (2 \cdot 10 \cdot 50 \text{ ct}) + (2 \cdot 195 \text{ ct}) = 3\,600 \text{ ct} + 1\,000 \text{ ct} + 390 \text{ ct}$

$= \mathbf{4\,990 \text{ ct}}$

Der Einkauf kostet 4 990 ct = 49,90 €.

122 a) $V_{\text{Pool}} = 6\,500 \ \ell$

$6\,500 \ \ell : 10 \ \ell = \mathbf{650}$

Familie Meier muss 650 10-ℓ-Eimer tragen.

b) $6\,500 \ \ell = 65 \ h\ell$

$65 \ h\ell \cdot 20 \text{ ct} = 1\,300 \text{ ct} = \mathbf{13 \text{ €}}$

Eine Füllung kostet 13 €.

123 a) $(139 + 96) \cdot 5 \text{ €} - 47 \text{ €} = 235 \cdot 5 \text{ €} - 47 \text{ €}$

$= 1175 \text{ €} - 47 \text{ €}$

$= \mathbf{1\,128 \text{ €}}$

Es muss ein Betrag von 1 128 € überwiesen werden.

b) $235 - (47 \cdot 2) = 235 - 94 = \mathbf{141}$ Es gibt 235 Lose, davon $47 \cdot 2$ Gewinnlose.

Es müssen 141 Nieten vorhanden sein.

124 Eintritt: 20 € + 20 € + 15 € = 55 €

Unternehmungen: $(2 \cdot 6 \text{ €} + 3 \text{ €}) + (2 \cdot 8 \text{ €} + 4 \text{ €}) + 1 \text{ €}$

$= (12 \text{ €} + 3 \text{ €}) + (16 \text{ €} + 4 \text{ €}) + 1 \text{ €}$

$= 15 \text{ €} + 20 \text{ €} + 1 \text{ €}$

$= 36 \text{ €}$

Essen: 40 €

Gesamtkosten = Eintritt + Unternehmungen + Essen

$= 55 \text{ €} + 36 \text{ €} + 40 \text{ €}$

$= \mathbf{131 \text{ €}}$

Der Ausflug kostet 131 €.

125 $5 \cdot 6 \,€ = 30 \,€$ (Limo)
$4 \cdot 4 \,€ = 16 \,€$ (Wasser)
$1,50 \,€ \cdot 10 = 150 \text{ ct} \cdot 10 = 1\,500 \text{ ct} = 15 \,€$ (Cola)
$(30 + 16 + 15) \,€ = 61 \,€$

Das Geld reicht für die Getränke aus.

126 a) $(2\,280 \,€ : 24) + 4 \,€ = 95 \,€ + 4 \,€ = \mathbf{99\ €}$ Nebenrechnung: $2280 : 24 = 95$
Die monatliche Rate beträgt 99 €.
$$\begin{array}{r} \underline{216} \\ 120 \\ \underline{120} \\ 0 \end{array}$$

b) $99 \cdot 24 \,€$
$\underline{198}$
$\underline{396}$
$\mathbf{2376\ €}$

Der Fernseher hat am Ende 2 376 € gekostet.

c) $2\,376 \,€ - 2\,280 \,€ = \mathbf{96\ €}$

Insgesamt bezahlt der Kunde 96 € mehr als beim Barkauf.

127 Gegeben: Loge: 7 €
Parterre: $7 \,€ - 1 \,€ = 6 \,€$

a) $(5 \cdot 6 \,€) + (8 \cdot 7 \,€) = 30 \,€ + 56 \,€ = \mathbf{86\ €}$

Der Kinobesuch kostet insgesamt 86 €.

b) $(150 \cdot 7 \,€) + (350 \cdot 6 \,€) = 1\,050 \,€ + 2\,100 \,€ = \mathbf{3\,150\ €}$

Das Kino hat mit der Vorführung des Films 3 150 € eingenommen.

128 a) $1\,680 \text{ kg} - 1130 \text{ kg} - [80 \text{ kg} + (80 \text{ kg} + 45 \text{ kg})] = 550 \text{ kg} - [80 \text{ kg} + 125 \text{ kg}]$
$= 550 \text{ kg} - 205 \text{ kg}$
$= \mathbf{345\ kg}$

Es können 345 kg Gepäck zugeladen werden.

b) $5 \cdot 22 \text{ kg} = \mathbf{110\ kg}$

Der Anhänger war um 110 kg überladen.

$550 \text{ kg} : 22 \text{ kg} = \mathbf{25}$
$\underline{44}$
110
$\underline{110}$
0

Auf dem Anhänger befinden sich noch 25 Kisten.

c) $(25 \cdot 22) \cdot 2 \, € = 550 \cdot 2 \, € = \mathbf{1\,100\,€}$
Verlust: $5 \cdot 22 \cdot 2 \, € = \mathbf{220\,€}$

Er verdient 1 100 €, hat aber 220 € Verlust.

129 $600 \, \text{kg} - (3 \cdot 165 \, \text{kg}) = 600 \, \text{kg} - 495 \, \text{kg} = \mathbf{105\,kg}$

Peter und Paul dürfen zusammen nicht mehr als 105 kg wiegen.

130 a) $96 \cdot 60$
      5760

    $5760 : 12 = \mathbf{480}$
    $\underline{48}$
     96
     $\underline{96}$
      0

In einer Stunde werden 5 760 Flaschen produziert und somit 480 Kisten gefüllt.

b) $7500 \, \text{kg} : 20 \, \text{kg} = \mathbf{375}$
   $\underline{60}$
   150
   $\underline{140}$
    100
    $\underline{100}$
     0

Auf einen Lkw mit 7,5 Tonnen Ladegewicht können 375 Kisten verladen werden.

131 a) $5\,575 : 5 = \mathbf{1\,115}$
Der Gabelstapler muss 1 115-mal fahren.

2 Zentner = 100 kg
$5\,575 \cdot 100 \, \text{kg} = 557\,500 \, \text{kg} = \mathbf{557{,}5\,t}$

Die Paletten wiegen insgesamt 557,5 t.

b) $1\,115 : 223 = \mathbf{5}$
Die Neusortierung dauert 5 Arbeitstage.

132 $(6\,500 \, \text{m} : 250 \, \text{m}) : 2 = 26 : 2 = \mathbf{13}$ oder $6\,500 \, \text{m} : (2 \cdot 250 \, \text{m}) = 6\,500 : 500 = \mathbf{13}$
Nach 13 Tagen treffen sich die Arbeiterinnen und Arbeiter in der Mitte.

133 Rechne in Millilitern.

0,1 ℓ = 100 $m\ell$

0,5 $c\ell$ = 5 $m\ell$

100 $m\ell$: 5 $m\ell$ = **20**

Der Hustensaft reicht für 20 Tage.

134 Tagesverbrauch:

1,50 $h\ell$ = 150 ℓ

Berechnung der Heizölmenge, die vor dem Anruf verbraucht werden kann:

3 000 ℓ – 300 ℓ = 2 700 ℓ

Berechnung der Anzahl der Tage bis zum Anruf:

2700 ℓ : 150 ℓ = **18 (Tage)**

$\underline{150}$

1200

$\underline{1200}$

$\overline{0}$

Nach 18 Tagen müsste der Händler benachrichtigt werden.

135 a) 840 h : 24 h = **35**

$\underline{72}$

120

$\underline{120}$

$\overline{0}$

Nach 35 Tagen kehrt der Astronaut auf die Erde zurück.

b) Er kehrt am **10. September** zurück.

136 [(5 400 : 9) : 10] : 5 = [600 : 10] : 5

$\qquad\qquad\qquad\quad$ = 60 : 5

$\qquad\qquad\qquad\quad$ = **12**

In der Diamantmine arbeiten 12 Arbeiterinnen und Arbeiter.

137 a) Wenn in einer halben Stunde (30 min) 68 000 ℓ zufließen, dann beträgt der Zufluss pro Minute:

69000 ℓ : 30 = 2 300 ℓ

$\underline{60}$

90

$\underline{90}$

$\overline{0}$

103500 ℓ : 2 300 ℓ = **45 (Minuten)**
  9200
  11500
  11500
      0

Nach 45 min ist die Baugrube vollgelaufen.

b) 103 500 ℓ : 34 500 ℓ = **3 (Stunden)**

Nach 3 Stunden ist die Baugrube leer gepumpt.

138 Beginn: 20.15 Uhr
Verzögerung: 7 min + 12 min = 19 min
Laufzeit: 90 min
Gesamt: 109 min = 1 h 49 min
Beginn der nachfolgenden Sendung: **22.04 Uhr**

139 Lohn für 1 Stunde ausrechnen:
6 600 € : 220 = 30 € (Geschäftsführer)
4 500 € : 180 = 25 € (Informatiker)
2 800 € : 140 = 20 € (Angestellter)

Der **Geschäftsführer** verdient am besten.

140 44,60 € : 4 = 4 460 ct : 4 = 1 115 ct = 11,15 €
11,15 € · 3 = 1 115 ct · 3 = 3 345 ct = **33,45 €**

3 kg Rindfleisch kosten bei einem Kilopreis von 11,15 € genau 33,45 €.

141 10 Fliesen kosten: 180 € : 9 = 20 €
130 Fliesen kosten: 20 € · 13 = **260 €**

Für 130 Fliesen muss Frau Bädermann 260 € bezahlen.

142 Angebot 1:   Angebot 2:
925 ct : 5 = 185 ct   1 440 ct : 8 = 180 ct
10 · 185 ct = 1 850 ct = 18,5 €   10 · 180 ct = 1 800 ct = 18 €

Angebot 2 ist das günstigere Angebot.

143 a) 60 km : 4 = 15 km
15 km · 23 = **345 km**

Der Pkw kann mit 23 Litern Benzin 345 km zurücklegen.

b) $300 : 15 = $ **20**
Der Pkw braucht 20 Liter Benzin für 300 km.

144 a) $90 : 3 = $ **30**
Der Radfahrer fährt mit 30 km pro Stunde.

b) $30 \cdot 5 = $ **150**
In 5 h fährt der Radfahrer 150 km.

c) Der Radfahrer fährt 30 km = 30 000 m in 1 h = 60 min.
$30\,000 : 60 = 500$
In 1 Minute fährt der Radfahrer 500 m.

$70\,000 : 500 = 140$
Er hat die Strecke nach 140 Minuten, also um **10.35 Uhr** zurückgelegt.

145 a) $4 \nmid 23$

b) $3 \nmid 35$

c) $12 \mid 144$

d) $7 \mid 42$

e) $10 \mid 1\,100$

f) $24 \nmid 2\,345$

146 a) Durch 2 teilbar sind: **6; 8; 10; 12; 14; 16; 18; 20; 22; 24; 26; 28; 30**

b) Durch 4 teilbar sind: **8; 12 ;16; 20; 24; 28**

c) Durch 6 teilbar sind: **6; 12; 18; 24; 30**

d) Durch 3 teilbar sind: **6; 9; 12; 15; 18; 21; 24; 27; 30**

147 a) $T_{10} = \{1; 2; 5; 10\}$

b) $T_{30} = \{1; 2; 3; 5; 6; 10; 15; 30\}$

c) $T_{60} = \{1; 2; 3; 4; 5; 6; 10; 12; 15; 20; 30; 60\}$

d) $T_{92} = \{1; 2; 4; 23; 46; 92\}$

e) $T_{36} = \{1; 2; 3; 4; 6; 9; 12; 18; 36\}$

f) $T_{20} = \{1; 2; 4; 5; 10; 20\}$

148 a)

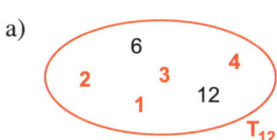

T_{12}

b)

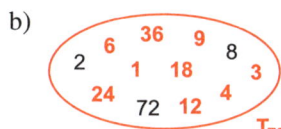

T_{72}

c)

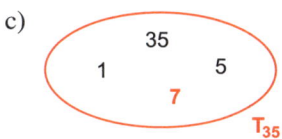

T_{35}

d)

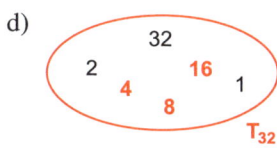

T_{32}

149

Möglichkeit	Länge	Breite
1	1	100
2	100	1
3	10	10
4	4	25
5	25	4
6	20	5
7	5	20
8	50	2
9	2	50

Es ergeben sich **9 verschiedene Möglichkeiten**.

150 $9 \cdot 2 = 18$ Personen (1. Fahrt)
$18 \cdot 2 = 36$ Personen (2. Fahrt)
$18 \cdot 3 = 54$ Personen (3. Fahrt)

Bei der **3. Fahrt** ist Jana an der Reihe.

151 1,8 m = 180 cm
1,2 m = 120 cm
T_{180} = {1; 2; 3; 4; 5; 6; 9; 10; 12; 15; 18; **20**; 30; 45; 60; 90; 180}
T_{120} = {1; 2; 3; 4; 5; 6; 8; 10; 12; 15; **20**; 24; 30; 40; 60; 120}
Er muss Fliesen mit einer Kantenlänge von 20 cm kaufen.

152 a) 120 · 3 = **360**
Es werden 360 Zementsäcke benötigt.

b) 360 : 18 = **20**
Es liegen 20 Zementsäcke auf einer Palette.

c) 1 Palette wiegt 20 · 50 kg = 1 000 kg
18 Paletten wiegen 18 · 1 000 kg = 18 000 kg
5 Tonnen = 5 000 kg
18 000 kg : 5 000 kg = 3 R 3 000
Der Lkw musste **4-mal** fahren.

153 a) V_8 = {8; 16; 24; 32; 40; …}

b) V_{32} = {32; 64; 96; 128; 160; …}

c) V_{25} = {25; 50; 75; 100; 125; …}

d) V_4 = {4; 8; 12; 16; 20; …}

e) V_{15} = {15; 30; 45; 60; 75; …}

f) V_{12} = {12; 24; 36; 48; 60; …}

154 Rechne in Cent: 455 : 20 = 22 R 15
Es können 22 Kaugummis gezogen werden.

155

	2	3	4	5	6	8	9	10
3 642	X	X			X			
35 450	X			X				X
718 464	X	X	X		X	X		

156 a) durch 9: 18; 27; 36; 45
durch 4: 12; 16; 20; 24; 28; 32; 36; 40; 44; 48
durch 4 und 9: **36**

b) z. B.: **5 463** oder **4 563** oder **9 963** …

c) **102**

157 Es gibt mehrere Möglichkeiten; hier siehst du jeweils eine mögliche Lösung.

durch 3	374 5**35**	7 **191**	**936** 321	54 **325** 38**3**
durch 4	3 5**16**	35 2**84**	3 647 8**48**	4 639 **300**
durch 9	648 **333**	7 4**24** 784	321 **111**	33 **642**
durch 25	465 7**75**	4 638 **175**	4 6**50**	42 3**50**

158 $(48:2)+(25\cdot 2)=24+50=74$

$2\,|\,74$ } $6\,\nmid\,74$
$3\,\nmid\,74$

159 $3\cdot 15+20=45+20=65$
$5\,|\,65$
Ja, da die letzte Ziffer von 65 eine 5 ist.

160 $12+36+6=54$
$3\,|\,54$
Ja, jeder bekommt 18 Eier.

161 $2\,\nmid\,62\,349 \Rightarrow 6\,\nmid\,62\,349$
$2\,\nmid\,53\,727 \Rightarrow 6\,\nmid\,53\,727$
$3\,\nmid\,352 \quad\; \Rightarrow 6\,\nmid\,352$
$3\,\nmid\,130 \quad\; \Rightarrow 6\,\nmid\,130$

$2\,|\,1\,200$ } $6\,|\,1\,200$ ✓ $2\,|\,132$ } $6\,|\,132$ ✓
$3\,|\,1\,200$ $3\,|\,132$

$2\,|\,762$ } $6\,|\,762$ ✓ $2\,|\,84$ } $6\,|\,84$ ✓
$3\,|\,762$ $3\,|\,84$

Der Code lautet: **84 132 762 1 200**

162 a) 1672; 1736; 1980

b) 2004; 2008; 2012; 2016; …; 2044; 2048

163 a) Ist 91 eine Primzahl?
10 · 10 = 100 > 91, Untersuchung der Primzahlen bis 7
2 ∤ 91
3 ∤ 91
5 ∤ 91
7 | 91   ⇒ **91 ist keine Primzahl.**

b) Ist 253 eine Primzahl?
16 · 16 = 256, Untersuchung der Primzahlen bis 13
2 ∤ 253
3 ∤ 253
5 ∤ 253
7 ∤ 253
11 | 253   ⇒ **253 ist keine Primzahl.**

c) Ist 327 eine Primzahl?
19 · 19 = 361, Untersuchung der Primzahlen bis 17
2 ∤ 327
3 | 327   ⇒ **327 ist keine Primzahl.**

d) Ist 67 eine Primzahl?
9 · 9 = 81, Untersuchung der Primzahlen bis 7
2 ∤ 67
3 ∤ 67
5 ∤ 67
7 ∤ 67   ⇒ **67 ist eine Primzahl.**

164 **Elefant**

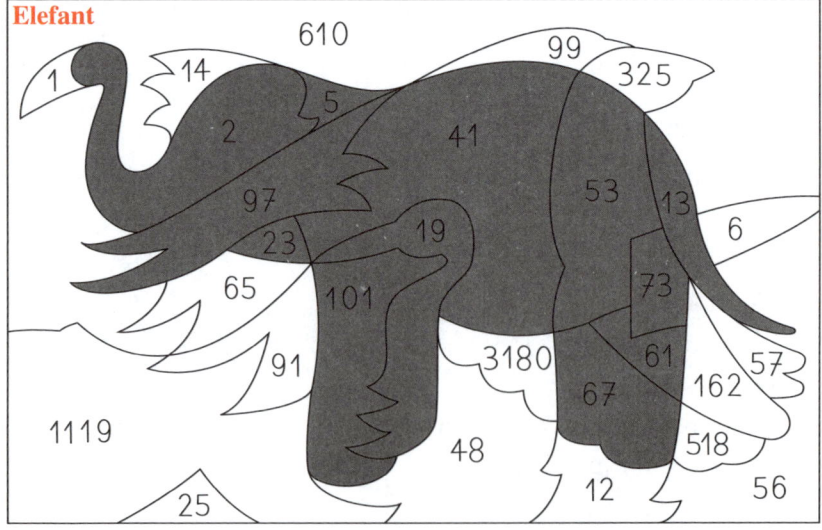

165 a) $32 = 2 \cdot 2 \cdot 2 \cdot 2 \cdot 2 = \mathbf{2^5}$

b) $124 = 2 \cdot 2 \cdot 31 = \mathbf{2^2 \cdot 31}$

c) $666 = 2 \cdot 3 \cdot 3 \cdot 37 = \mathbf{2 \cdot 3^2 \cdot 37}$

d) $212 = 2 \cdot 2 \cdot 53 = \mathbf{2^2 \cdot 53}$

166 a) $78 = 2 \cdot 3 \cdot 13$
$T_{78} = \{1; 2; 3; 2 \cdot 3; 13; 2 \cdot 13; 3 \cdot 13; 2 \cdot 3 \cdot 13\}$
$\mathbf{T_{78} = \{1; 2; 3; 6; 13; 26; 39; 78\}}$

b) $135 = 3 \cdot 3 \cdot 3 \cdot 5$
$T_{135} = \{1; 3; 5; 3 \cdot 3; 3 \cdot 5; 3 \cdot 3 \cdot 3; 3 \cdot 3 \cdot 5; 3 \cdot 3 \cdot 3 \cdot 5\}$
$\mathbf{T_{135} = \{1; 3; 5; 9; 15; 27; 45; 135\}}$

c) $256 = 2 \cdot 2 \cdot 2 \cdot 2 \cdot 2 \cdot 2 \cdot 2 \cdot 2 = 2^8$
$T_{256} = \{1; 2; 2 \cdot 2; 2 \cdot 2 \cdot 2; 2 \cdot 2 \cdot 2 \cdot 2; 2 \cdot 2 \cdot 2 \cdot 2 \cdot 2; 2 \cdot 2 \cdot 2 \cdot 2 \cdot 2 \cdot 2;$
$2 \cdot 2 \cdot 2 \cdot 2 \cdot 2 \cdot 2 \cdot 2; 2 \cdot 2 \cdot 2 \cdot 2 \cdot 2 \cdot 2 \cdot 2 \cdot 2\}$
$\mathbf{T_{256} = \{1; 2; 4; 8; 16; 32; 64; 128; 256\}}$

d) $442 = 2 \cdot 13 \cdot 17$
$T_{442} = \{1; 2; 13; 17; 2 \cdot 13; 2 \cdot 17; 13 \cdot 17; 2 \cdot 13 \cdot 17\}$
$\mathbf{T_{135} = \{1; 2; 13; 17; 26; 34; 221; 442\}}$

167 a) $38 = \mathbf{2} \cdot 19$
$\underline{72 = \mathbf{2} \cdot 2 \cdot 2 \cdot 3 \cdot 3}$
$\text{ggT}(38; 72) = \mathbf{2}$

b) $24 = \mathbf{2 \cdot 2} \cdot 2 \cdot \mathbf{3}$
$\underline{84 = \mathbf{2 \cdot 2 \cdot 3} \cdot 7}$
$\text{ggT}(24; 84) = 2 \cdot 2 \cdot 3 = \mathbf{12}$

c) $12 = \mathbf{2 \cdot 2} \cdot 3$
$\underline{64 = \mathbf{2 \cdot 2} \cdot 2 \cdot 2 \cdot 2 \cdot 2}$
$\text{ggT}(12; 64) = 2 \cdot 2 = \mathbf{4}$

d) $20 = 2 \cdot 2 \cdot 5$
$65 = 5 \cdot 13$
$\underline{117 = 3 \cdot 3 \cdot 13}$
$\text{ggT}(20; 65; 117) = \mathbf{1}$ (teilerfremd)

e) $70 = \mathbf{2} \cdot 5 \cdot 7$
$156 = \mathbf{2} \cdot 2 \cdot 3 \cdot 13$
$\underline{324 = \mathbf{2} \cdot 2 \cdot 3 \cdot 3 \cdot 3 \cdot 3}$
$\text{ggT}(70; 156; 324) = \mathbf{2}$

f) $20 = 2 \cdot 2 \cdot 5$
$30 = 2 \cdot 3 \cdot 5$
$\underline{180 = 2 \cdot 2 \cdot 3 \cdot 3 \cdot 5}$
$\text{ggT}(20; 30; 180) = 2 \cdot 5 = 10$

g) $36 = 2 \cdot 2 \cdot 3 \cdot 3$
$\underline{48 = 2 \cdot 2 \cdot 2 \cdot 2 \cdot 3}$
$\text{ggT}(36; 48) = 2 \cdot 2 \cdot 3 = 12$

h) $10 = 2 \cdot 5$
$15 = 3 \cdot 5$
$30 = 2 \cdot 3 \cdot 5$
$\underline{50 = 5 \cdot 5 \cdot 2}$
$\text{ggT}(10; 15; 30; 50) = 5$

168 $320 = 2 \cdot 2 \cdot 2 \cdot 2 \cdot 2 \cdot 2 \cdot 5$
$\underline{180 = 2 \cdot 2 \cdot 3 \cdot 3 \cdot 5}$
$\text{ggT}(320; 180) = 2 \cdot 2 \cdot 5 = 20$
Die Stücke sind 20 cm lang.

$320 : 20 = 16$
$180 : 20 = 9$
$16 + 9 = 25$

Man erhält 25 gleich lange Stahlrohre.

169 a) $120 = 2 \cdot 2 \cdot 2 \cdot 3 \cdot 5$
$160 = 2 \cdot 2 \cdot 2 \cdot 2 \cdot 2 \cdot 5$
$\underline{340 = 2 \cdot 2 \cdot 5 \cdot 17}$
$\text{ggT}(120; 160; 340) = 2 \cdot 2 \cdot 5 = 20$
Im Abstand von 20 m müssen die
Bäume gepflanzt werden.

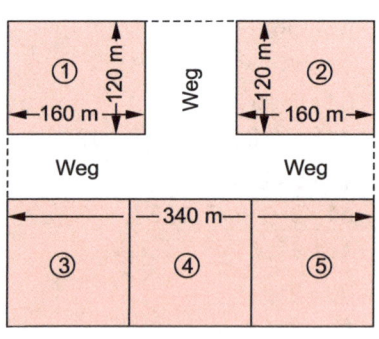

b) Anzahl der Abstände:
$340 : 20 = 17$
$160 : 20 = 8$
$120 : 20 = 6$
Die Anzahl der Bäume ergibt sich zu
$(17 + 1) + 2 \cdot (8 + 1) + 2 \cdot 6 = 18 + 18 + 12 = \textbf{48}$,
da für jedes Wegstück jeweils ein Baum mehr erforderlich ist, als es Abstände
gibt, die beiden Bäume an der Wegkreuzung aber nur einmal gezählt werden
dürfen. Daher müssen 48 Bäume gekauft werden.

c) Da alle drei Zahlen 1 500, 860 und 645 durch 5 teilbar sind, können alle fünf
Flächen mit jeweils der **gleichen Anzahl** Blumen bepflanzt werden.

d) $1\,500 : 5 = \textbf{300}$
   $860 : 5 = \textbf{172}$
   $645 : 5 = \textbf{129}$

Es können je Fläche 300 Rosen, 172 Tulpen und 129 Stiefmütterchen gepflanzt werden.

170   a) $2{,}34\ \text{m} = 234\ \text{cm}$
     $1{,}08\ \text{m} = 108\ \text{cm}$
     $234 = \textbf{2} \cdot \textbf{3} \cdot \textbf{3} \cdot 13$
     $\underline{108 = \textbf{2} \cdot 2 \cdot \textbf{3} \cdot \textbf{3} \cdot 3}$
     $\text{ggt}(234; 108) = 2 \cdot 3 \cdot 3 = \textbf{18}$
     Die Fliesen besitzen eine Seitenlänge von 18 cm.

   b) $234 : 18 = 13$
     $108 : 18 = 6$
     $13 \cdot 6 = \textbf{78}$
     Herr Mayer muss 78 Fliesen kaufen.

171   a) $6 = \textbf{2} \cdot \textbf{3}$
     $\underline{15 = 3 \cdot \textbf{5}}$
     $\text{kgV}(6; 15) = 2 \cdot 3 \cdot 5 = \textbf{30}$

   b) $12 = \textbf{2} \cdot \textbf{2} \cdot 3$
     $\underline{18 = 2 \cdot \textbf{3} \cdot \textbf{3}}$
     $\text{kgV}(12; 18) = 2 \cdot 2 \cdot 3 \cdot 3 = \textbf{36}$

   c) $36 = \textbf{2} \cdot \textbf{2} \cdot \textbf{3} \cdot \textbf{3}$
     $\underline{92 = 2 \cdot 2 \cdot \textbf{23}}$
     $\text{kgV}(36; 92) = 2 \cdot 2 \cdot 3 \cdot 3 \cdot 23 = \textbf{828}$

   d) $30 = 2 \cdot \textbf{3} \cdot \textbf{5}$
     $35 = 5 \cdot \textbf{7}$
     $\underline{60 = \textbf{2} \cdot \textbf{2} \cdot 3 \cdot 5}$
     $\text{kgV}(30; 35; 60) = 2 \cdot 2 \cdot 3 \cdot 5 \cdot 7 = \textbf{420}$

   e) $14 = 2 \cdot \textbf{7}$
     $24 = \textbf{2} \cdot \textbf{2} \cdot \textbf{2} \cdot \textbf{3}$
     $\underline{51 = 3 \cdot \textbf{17}}$
     $\text{kgV}(14; 24; 51) = 2 \cdot 2 \cdot 2 \cdot 3 \cdot 7 \cdot 17 = \textbf{2\,856}$

   f) $52 = \textbf{2} \cdot \textbf{2} \cdot \textbf{13}$
     $\underline{122 = 2 \cdot \textbf{61}}$
     $\text{kgV}(52; 122) = 2 \cdot 2 \cdot 13 \cdot 61 = \textbf{3\,172}$

g) $14 = 2 \cdot 7$
$\underline{20 = 2 \cdot 2 \cdot 5}$
$\text{kgV}(14; 20) = 2 \cdot 2 \cdot 5 \cdot 7 = 140$

h) $35 = 5 \cdot 7$
$\underline{40 = 2 \cdot 2 \cdot 2 \cdot 5}$
$\text{kgV}(35; 40) = 2 \cdot 2 \cdot 2 \cdot 5 \cdot 7 = 280$

172 Vater: 90 cm; Sohn: 45 cm; Mutter: 75 cm
$90 = 2 \cdot 3 \cdot 3 \cdot 5$
$45 = 3 \cdot 3 \cdot 5$
$\underline{75 = 3 \cdot 5 \cdot 5}$
$\text{kgV}(90; 75; 45) = 2 \cdot 3 \cdot 3 \cdot 5 \cdot 5 = 450$
Nach 4,5 m gehen alle wieder im Gleichschritt.

173 $\text{kgV}(3; 4; 5; 6)$
$3 = 3$
$4 = 2 \cdot 2$
$5 = 5$
$\underline{6 = 2 \cdot 3}$
$\text{kgV}(3; 4; 5; 6) = 2 \cdot 2 \cdot 3 \cdot 5 = 60$
Bei Blatt 60 finden alle ein lustiges Motiv.

174 $\text{kgV}(18; 20; 24)$
$18 = 2 \cdot 3 \cdot 3$
$20 = 2 \cdot 2 \cdot 5$
$\underline{24 = 2 \cdot 2 \cdot 2 \cdot 3}$
$\text{kgV}(18; 20; 24) = 2 \cdot 2 \cdot 2 \cdot 3 \cdot 3 \cdot 5 = 360$
$360 : 18 = 20$
$360 : 20 = 18$
$360 : 24 = 15$

Der schnellste der Skater muss 20 Runden, Emma 18 Runden und der langsamste 15 Runden fahren, um gemeinsam am Start anzukommen.

175 $1\,\text{h} = 60\,\text{min} \implies \text{kgV}(45; 60)$
$45 = 3 \cdot 3 \cdot 5$
$\underline{60 = 2 \cdot 2 \cdot 3 \cdot 5}$
$\text{kgV}(45; 60) = 2 \cdot 2 \cdot 3 \cdot 3 \cdot 5 = 180$
Sie treffen sich nach 180 min wieder an der Bushaltestelle.

176

177 a) Die Länge der Strecke $\overline{AB}$ beträgt 5 cm.
$|\overline{AB}| = 5\,\text{cm}$

b) Der Punkt B liegt auf der Geraden AB.
$B \in AB$

c) Der Punkt C ist kein Element der Strecke mit den Endpunkten H und G.
$C \notin \overline{HG}$

d) Die Gerade g steht senkrecht zur Geraden h.
$g \perp h$

e) Die Gerade g und die Gerade s sind zueinander parallel.
$g \parallel s$

f) Der Punkt P ist der Schnittpunkt der Geraden h mit der Halbgeraden, die den Anfangspunkt P besitzt und durch D verläuft.
$h \cap [PD = \{P\}$

g) Die Gerade g ist zur Strecke $\overline{AB}$ parallel.
$g \parallel \overline{AB}$

178 $s_1 \perp s_2$ $s_2 \parallel s_4$
$s_1 \perp s_4$ $s_7 \parallel s_5$
$s_6 \perp s_5$ $s_7 \perp s_6$

179

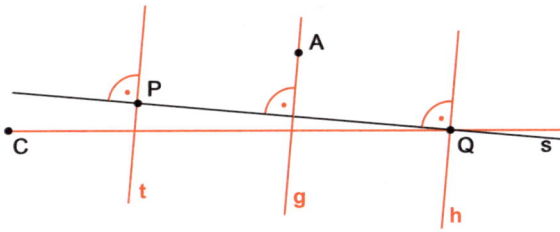

180 Zeichne $\overline{AD}$
$\overline{DK} \perp \overline{DA}$
$\overline{KB} \parallel \overline{DA}$
$\overline{AB} \parallel \overline{DK}$

181

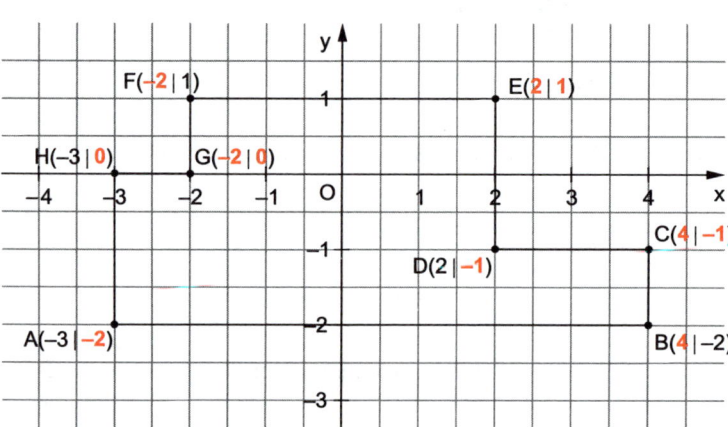

182

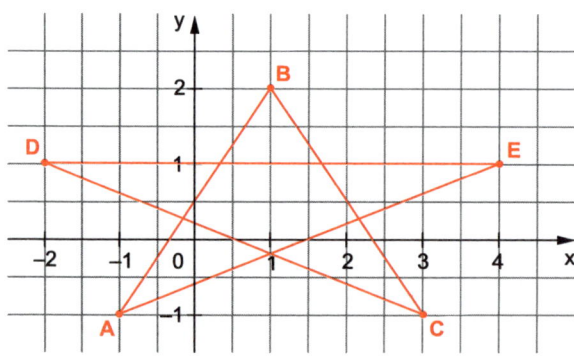

183

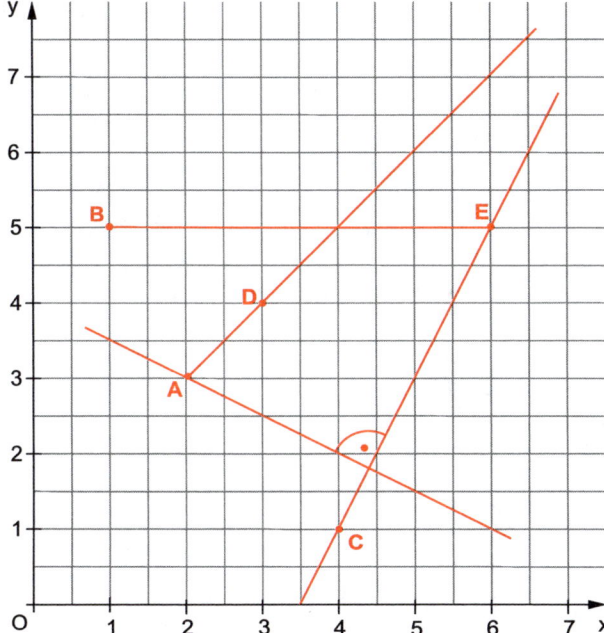

184

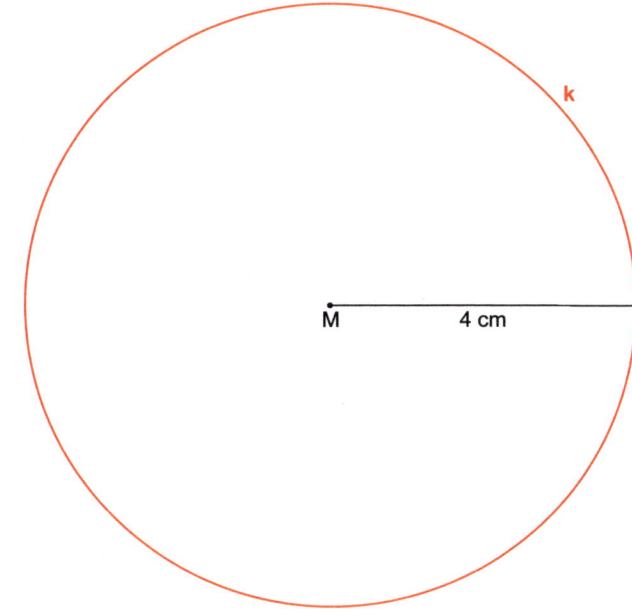

d = 8 cm

185

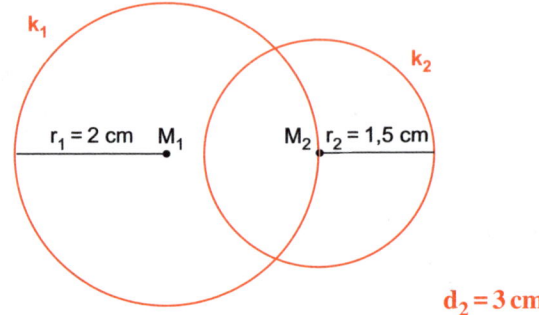

$r_1 = 2$ cm M_1 M_2 $r_2 = 1,5$ cm

$d_2 = 3$ cm

186 $d = 4$ cm $\Rightarrow$ $r = d : 2 = 4$ cm $: 2 = 2$ cm

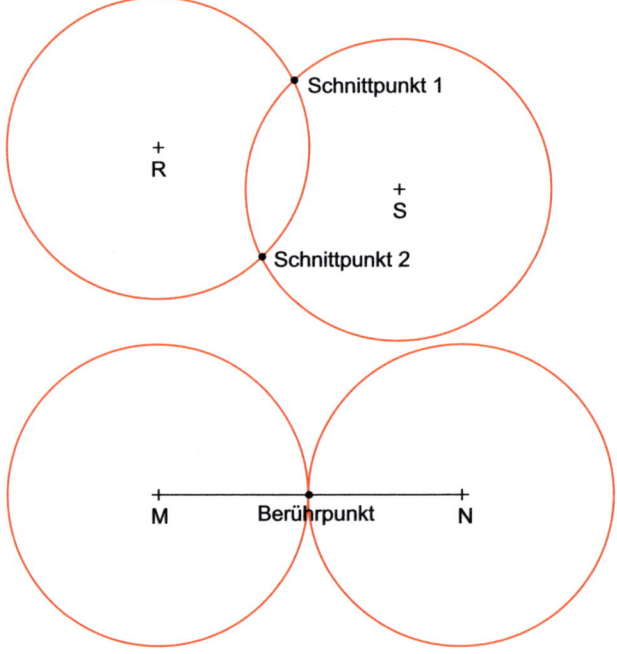

187

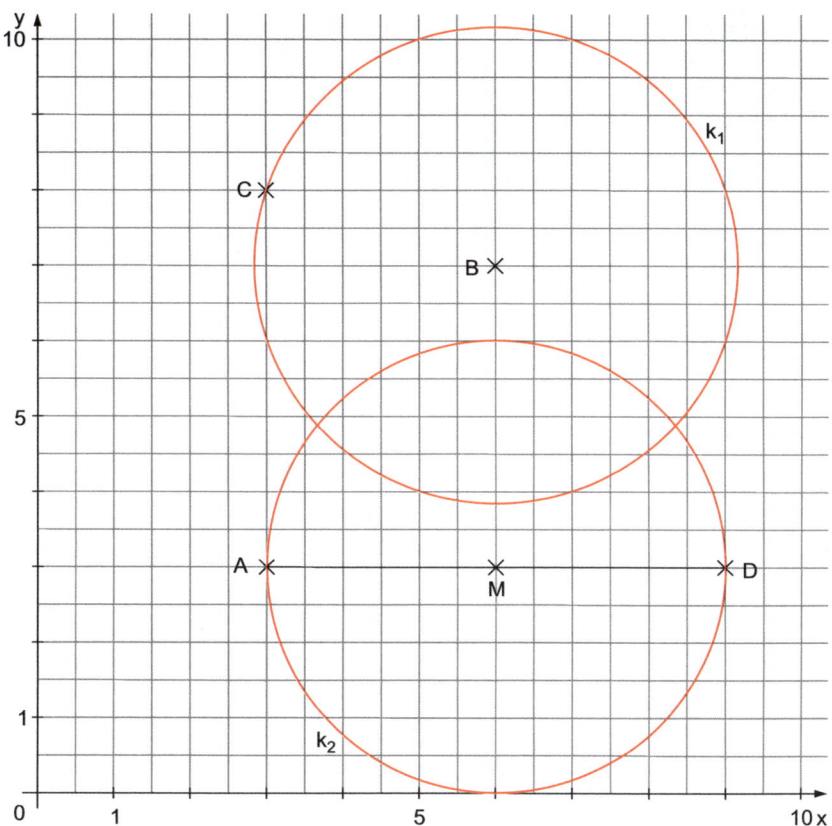

a) Der Radius des Kreises k_1 ist die Strecke $\overline{BC}$.

b) Der Durchmesser des Kreises k_2 ist die Strecke $\overline{AD}$, auf der der Mittelpunkt M(6|3) liegt.

188 $d = 60\ \text{mm} = 6\ \text{cm} \quad \Rightarrow \quad r \overset{:2}{=} 3\ \text{cm}$

Vorgehensweise:
- Zeichne den Kreis k (M; r = 3 cm).
- Zeichne einen beliebigen Radius ein.
- Trage den Winkel μ an M ab.

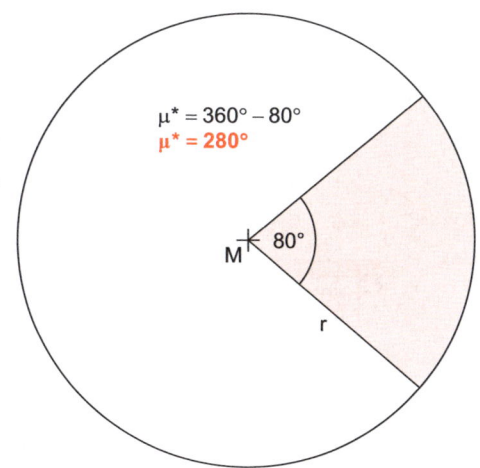

$\mu^* = 360° - 80°$
$\mu^* = 280°$

189   α = ∢ BAC; γ = ∢ RSP
β = ∢ TSR; δ = ∢ WUV
ε = ∢ VUW

Die Drehrichtung ist immer gegen den Uhrzeigersinn gerichtet. Zuerst wird immer der Punkt auf dem „zu drehenden" Schenkel des Winkels bezeichnet.

190

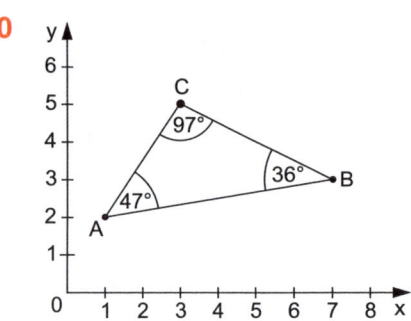

∢ BAC = 47°
∢ ACB = 97°
∢ CBA = 36°

Zeichne das Dreieck ABC und messe, wie beschrieben, die angegebenen Winkel.

191

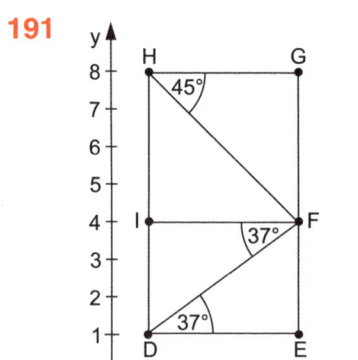

∢ FHG = 45°
∢ IFD = 37°
∢ EDF = 37°

Zeichne das Viereck DEGH. Der Punkt I liegt auf der Strecke $\overline{DH}$ und der Punkt F auf der Strecke $\overline{EG}$. Um den Winkel ∢ FHG zu erhalten, musst du die Strecke $\overline{FH}$ zeichnen. Um den Winkel ∢ IFD zu erhalten, musst du die Strecke $\overline{IF}$ und die Strecke $\overline{DF}$ zeichnen. Messe nun, wie beschrieben, die angegebenen Winkel.

192   a)

```
  T
   \
    \
 70°\
R     S
```

b)

```
      C
     /
  35°/
B    A
```

c)

```
W
 \  140°
  \_____
  V    U
```

d)

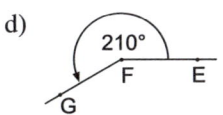

193

Winkel	Begründung
$\alpha = 66°$	Scheitelwinkel
$\beta = 180° - \alpha - 30° = 84°$	gestreckter Winkel
$\gamma = 30°$	Scheitelwinkel
$\delta = 180° - 30° - 66° = 84°$	gestreckter Winkel
oder	
$\delta = \beta = 84°$	Scheitelwinkel

194 a) $\beta = 180° - 108° = 72°$

b) $180° : 12 = 15°$
$\delta = 15°$ und $\gamma = 11 \cdot 15° = 165°$

c) $254° : 2 = 127°$
$\alpha = \varepsilon = 127°$

195

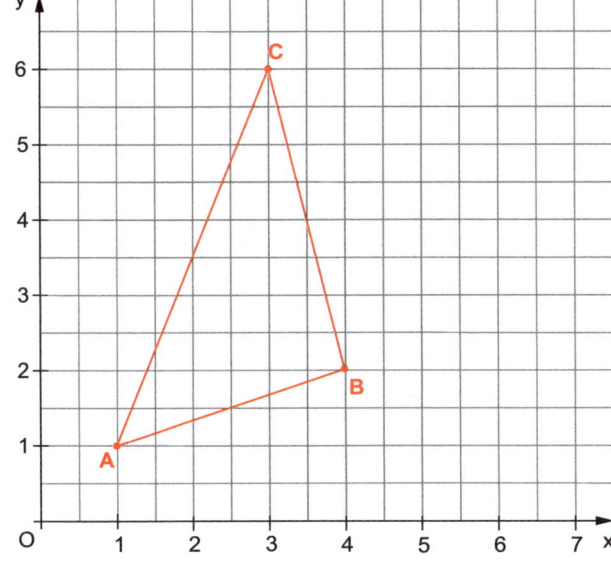

196 Mögliche Lösung:

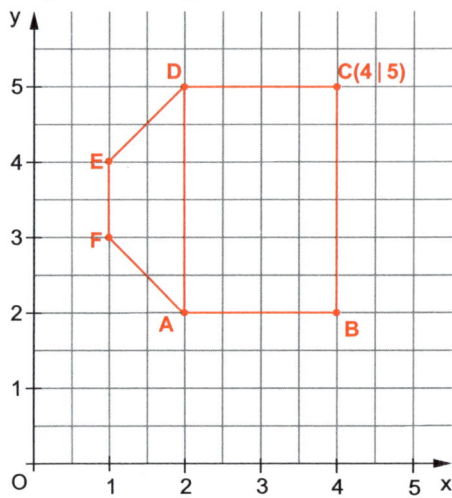

197

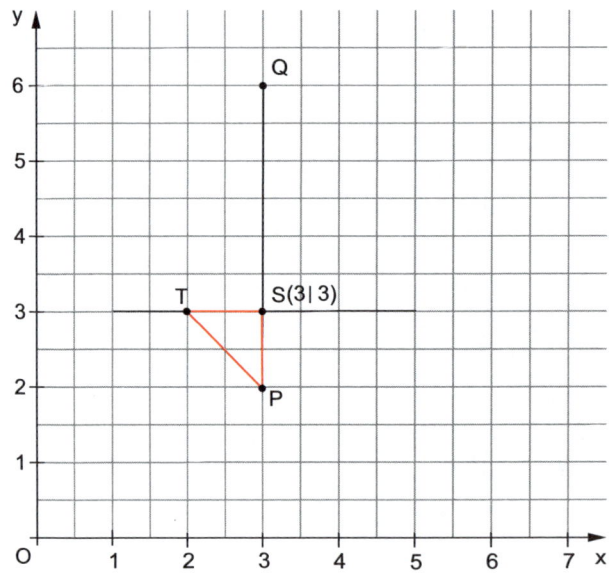

198 a)

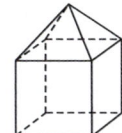

b)

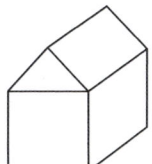

Würfel und Pyramide   **Quader und Prisma**

199 a)

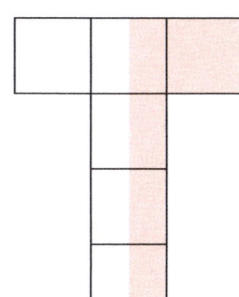

b)

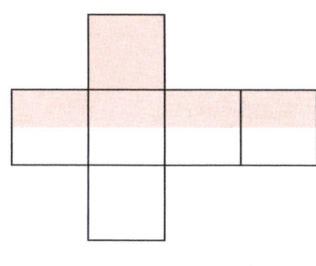

200

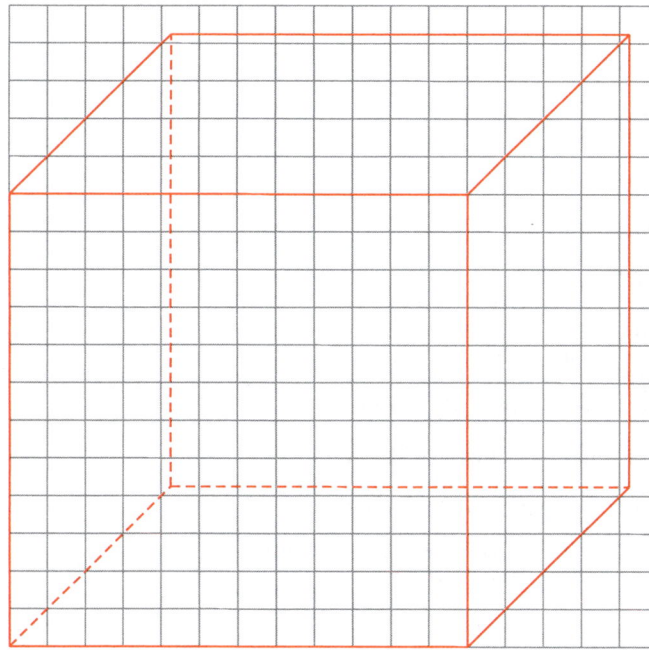

- Zeichne zunächst die Vorderseite.
- Zeichne dann die nach hinten ver- laufenden Kanten im 45°-Winkel, 6 cm : 2 = 3 cm lang.
- Verbinde die Eck- punkte.

Kontrolliere zuletzt, ob du alle verdeckten Kanten gestrichelt gezeichnet hast.

201

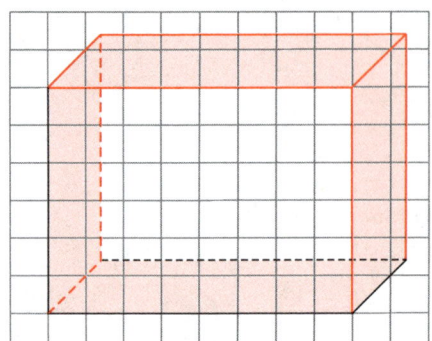

- Ergänze zunächst die fehlenden Kanten der Vorderseite.
- Zeichne die nach hinten verlaufenden Kanten alle so lang, wie die bereits gezeichnete.
- Verbinde die Eckpunkte.

Kontrolliere zuletzt, ob du alle verdeckten Kannten gestrichelt gezeichnet hast.

Alle Flächen, die verkürzte Kanten aufweisen, sind im Schrägbild kleiner dargestellt als in Wirklichkeit: Grund- und Deckfläche sowie die Seitenflächen.

Maße in der Wirklichkeit:
Länge: 4 cm; Breite: 2 cm; Höhe: 3 cm

Maße im Schrägbild:
Länge: 4 cm; Breite: 1 cm; Höhe: 3 cm
Beachte, dass im Schrägbild die Breite um die Hälfte verkürzt dargestellt ist.

202 a) $231 \text{ m}^2 = \mathbf{23\,100 \text{ dm}^2}$

b) $425\,738 \text{ mm}^2 = \mathbf{4\,257,38 \text{ cm}^2}$

c) $87 \text{ km}^2 = 87\,000\,000 \text{ m}^2 = \mathbf{87 \cdot 10^6 \text{ m}^2}$

d) $54,238 \text{ cm}^2 = \mathbf{5\,423,8 \text{ mm}^2}$

e) $71\,551 \text{ dm}^2 = \mathbf{715,51 \text{ m}^2}$

f) $345 \text{ ha} = 3\,450\,000 \text{ m}^2 = \mathbf{345 \cdot 10^4 \text{ m}^2}$

g) $364,3 \text{ a} = \mathbf{3\,643\,000 \text{ dm}^2}$

h) $915 \text{ km}^2 = \mathbf{915 \cdot 10^8 \text{ dm}^2}$

i) $6\,278\,912 \text{ cm}^2 = \mathbf{0,06278912 \text{ ha}}$

j) $4\,563 \text{ dm}^2 = \mathbf{0,4563 \text{ a}}$

203 a) $7 \text{ cm}^2 \, 15 \text{ mm}^2 = 700 \text{ mm}^2 + 15 \text{ mm}^2 = \mathbf{715 \text{ mm}^2}$

b) $91 \text{ dm}^2 \, 18 \text{cm}^2 = 9\,100 \text{ cm}^2 + 18 \text{ cm}^2 = \mathbf{9\,118 \text{ cm}^2}$

c) $12 \text{ m}^2 \, 912 \text{ dm}^2 = 1\,200 \text{ dm}^2 + 912 \text{ dm}^2 = \mathbf{2\,112 \text{ dm}^2}$

d) $345 \text{ dm}^2 \, 34 \text{ cm}^2 \, 12 \text{ mm}^2 = 3\,450\,000 \text{ mm}^2 + 3\,400 \text{ mm}^2 + 12 \text{ mm}^2$
$= \mathbf{3\,453\,412 \text{ mm}^2}$

e) $8 \text{ dm}^2 \, 9 \text{ cm}^2 = 800 \text{ cm}^2 + 9 \text{ cm}^2 = \mathbf{809 \text{ cm}^2}$

f) $2 \text{ cm}^2 \, 12 \text{ mm}^2 = 200 \text{ mm}^2 + 12 \text{ mm}^2 = \mathbf{212 \text{ mm}^2}$

204   a) $47{,}21 \text{ cm}^2 = \mathbf{47 \text{ cm}^2 \ 21 \text{ mm}^2}$

  b) $879,3456 \text{ a} = \mathbf{879 \text{ a } 34 \text{ m}^2 \ 56 \text{ dm}^2}$

  c) $0{,}0024 \text{ ha} = \mathbf{24 \text{ m}^2}$

  d) $3{,}456789012 \text{ km}^2 = \mathbf{3 \text{ km}^2 \ 45 \text{ ha } 67 \text{ a } 89 \text{ m}^2 \ 1 \text{ dm}^2 \ 20 \text{ cm}^2}$

  e) $38{,}32 \text{ dm}^2 = \mathbf{38 \text{ dm}^2 \ 32 \text{ cm}^2}$

  f) $0{,}08 \text{ ha} = \mathbf{8 \text{ a}}$

205
$$A = a \cdot b \qquad\qquad\qquad u = 2 \cdot (a + b)$$
$$= 21 \text{ cm} \cdot 12 \text{ cm} \qquad\quad = 2 \cdot (21 + 12) \text{ cm}$$
$$\mathbf{= 252 \text{ cm}^2} \qquad\qquad\quad = 2 \cdot 33 \text{ cm}$$
$$\mathbf{= 66 \text{ cm}}$$

206   a) $A_{\text{gesamt}} = 100 \text{ m} \cdot 50 \text{ m} = 5\,000 \text{ m}^2$

  Wegbreite: $(100 \text{ m} - 70 \text{ m}) : 2 = 15 \text{ m}$

  $A_{\text{Rasen}} = 70 \text{ m} \cdot (50 \text{ m} - 2 \cdot 15 \text{ m}) = 1\,400 \text{ m}^2$

  $A_{\text{Weg}} = A_{\text{gesamt}} - A_{\text{Rasen}} = 5\,000 \text{ m}^2 - 1\,400 \text{ m}^2 = \mathbf{3\,600 \text{ m}^2}$

  Die Fläche des Weges beträgt 3 600 m².

  b) $3\,600 \cdot 7 \ \text{€} = \mathbf{25\,200 \ €}$
  Der Kies kostet 25 200 €.

207   a) Maßstab: 1 : 1 000

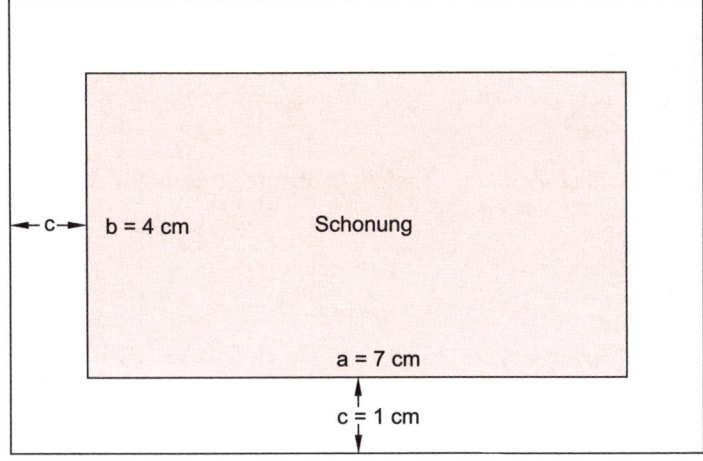

b) $A = 70 \, m \cdot 40 \, m$
    $= \mathbf{2\,800 \, m^2}$

Die Fläche der Schonung beträgt 2 800 m².

c) $u = 2 \cdot (a + b)$
    $= 2 \cdot (90 \, m + 60 \, m)$
    $= 2 \cdot 150 \, m$
    $= \mathbf{300 \, m}$

Der Zaun ist 300 m lang.

d) Kosten: $300 \cdot 15 \, € = \mathbf{4\,500 \, €}$

208 a) $A = a \cdot b$
        $= 21 \, m \cdot 15 \, m$
        $= \mathbf{315 \, m^2}$

Die Teichfläche beträgt 315 m².

b) $u = 2 \cdot a + b$
    $= 2 \cdot (21 \, m + 15 \, m)$
    $= 2 \cdot 36 \, m$
    $= \mathbf{72 \, m}$

Der Teich hat einen Umfang von 72 m.

209 a) $u = [6 \, m + (10 \, m - 4 \, m)] \cdot 2 = (6 \, m + 6 \, m) \cdot 2 = \mathbf{24 \, m}$

b) $A = 6 \, m \cdot 6 \, m = \mathbf{36 \, m^2}$

210 $400 = 20 \cdot 20$

Eine Seitenlänge beträgt **20 m**.
$u = 4 \cdot 20 \, m = \mathbf{80 \, m}$
Der Umfang des Gatters beträgt 80 m.

211 Briefmarke, Briefumschlag, Zeitung, Teppich, Fußballfeld, Deutschland

212 $A = a \cdot b$
$750 \, m^2 = a \cdot 30 \, m \qquad |:30 \, m$
$a = 25 \, m$

Die andere Grundstücksseite ist 25 m lang.

$u = 2 \cdot (30 + 25) \, m$
$= 2 \cdot 55 \, m$
$= \mathbf{110 \, m}$

Der Zaun muss 110 m lang sein.

213 $u = 2 \cdot (a + b)$
$ = 2 \cdot (2 \cdot b + b)$
$ = 2 \cdot (2 \cdot 75 + 75) \text{ cm}$
$ = 2 \cdot 225 \text{ cm}$
$ = \mathbf{450 \text{ cm}}$

Es werden 4,50 m Borte für die Tischdecke benötigt.

214 a)

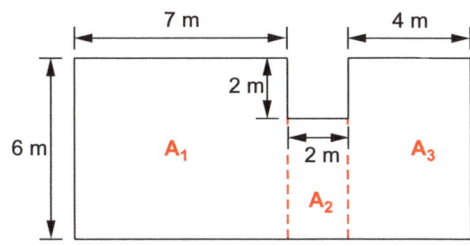

$A = A_1 + A_2 + A_3$
$ = 6 \text{ m} \cdot 7 \text{ m} + (6 - 2) \text{ m} \cdot 2 \text{ m} + 6 \text{ m} \cdot 4 \text{ m}$
$ = 42 \text{ m}^2 + 8 \text{ m}^2 + 24 \text{ m}^2$
$ = \mathbf{74 \text{ m}^2}$

b)

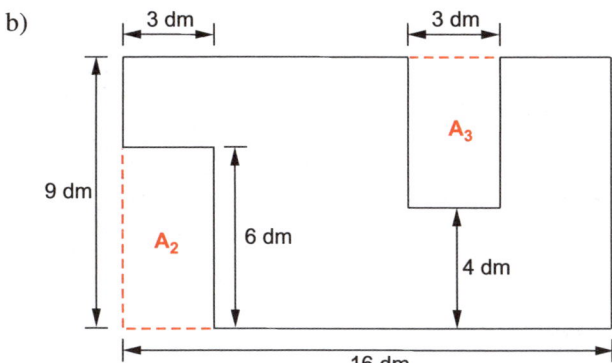

$A = A_1 - A_2 - A_3$
$ = 16 \text{ dm} \cdot 9 \text{ dm} - 3 \text{ dm} \cdot 6 \text{ dm} - 3 \text{ dm} \cdot (9 - 4) \text{ dm}$
$ = 144 \text{ dm}^2 - 18 \text{ dm}^2 - 15 \text{ dm}^2$
$ = \mathbf{111 \text{ dm}^2}$

215 a) 85 m = 8 500 cm, 45 m = 4 500 cm, 5 m = 500 cm
Maßstab: 1 : 1 000
a = 8,5 cm
b = 4,5 cm
c = 0,5 cm

$$\text{Zaun} = 2 \cdot [(a + 10) + (b + 10)] \text{ m}$$
$$= 2 \cdot [95 + 55] \text{ m}$$
$$= 2 \cdot 150 \text{ m}$$
$$= \mathbf{300 \text{ m}}$$

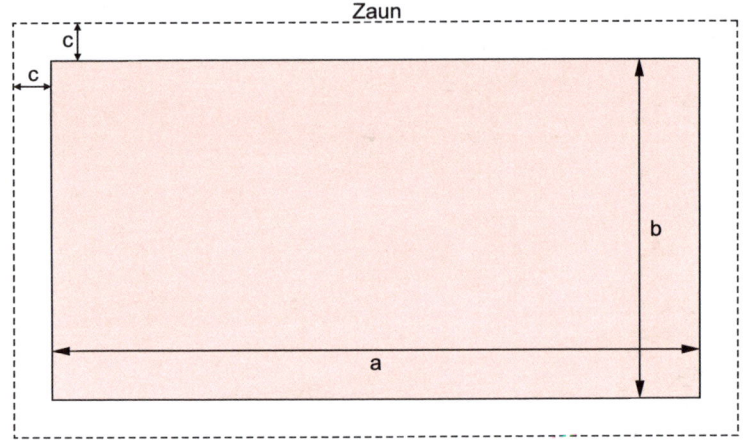

b) Kosten: $300 \text{ m} \cdot 20 \, \dfrac{\text{€}}{\text{m}} = \mathbf{6\,000 \text{ €}}$

216

a) $A_1 = 2{,}50 \text{ m} \cdot 5 \text{ m} = 12{,}5 \text{ m}^2$

$A_2 = A_1 = 12{,}5 \text{ m}^2$

$A_3 = (3{,}50 \text{ m} \cdot 2{,}50 \text{ m}) - (1{,}20 \text{ m} \cdot 0{,}90 \text{ m})$
$\qquad = 8{,}75 \text{ m}^2 - 1{,}08 \text{ m}^2$
$\qquad = 7{,}67 \text{ m}^2$

$A_4 = (3{,}50 \text{ m} \cdot 2{,}50 \text{ m}) - (1{,}10 \text{ m} \cdot 2{,}20 \text{ m})$
$\qquad = 8{,}75 \text{ m}^2 - 2{,}42 \text{ m}^2$
$\qquad = 6{,}33 \text{ m}^2$

Zu streichende Fläche $= A_1 + A_2 + A_3 + A_4$
$\qquad\qquad\qquad\qquad = 12{,}5 \text{ m}^2 + 12{,}5 \text{ m}^2 + 7{,}67 \text{ m}^2 + 6{,}33 \text{ m}^2$
$\qquad\qquad\qquad\qquad = \mathbf{39 \text{ m}^2}$

b) $39 \text{ m}^2 \cdot 400 \, \dfrac{m\ell}{\text{m}^2} = 15\,600 \, m\ell$

$15\,600 \, m\ell = 15{,}6 \, \ell$

Man muss **4** 5-ℓ-Eimer Farbe kaufen.

217

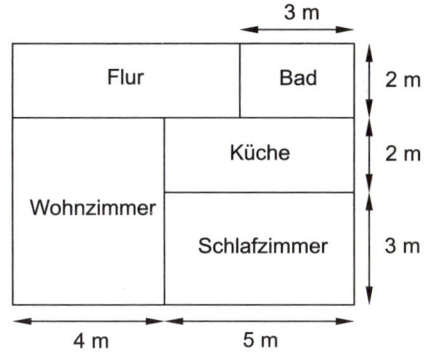

a) $A = a \cdot b$
    $= (4\ m + 5\ m) \cdot (2\ m + 2\ m + 3\ m)$
    $= 9\ m \cdot 7\ m$
    $= \mathbf{63\ m^2}$

Die Wohnfläche beträgt 63 m².

b) $A = 4\ m \cdot 5\ m = 20\ m^2$

Kosten: $20 \cdot 70\ € = 1\,400\ €$

Das Geld reicht aus.

218 a)

Note	1	2	3	4	5	6
Punkte	10–8,5	8–7	6,5–5,5	5–4	3,5–2	1,5–0
Strichliste	‖	⊮ ‖‖‖	⊮ ⊮ ‖	‖‖‖‖	‖	‖
Anzahl	**2**	**9**	**12**	**4**	**2**	**1**

b) $2 + 9 + 12 + 4 = \mathbf{27\ Kinder}$ haben eine 4 oder eine bessere Note bekommen.

c) z. B. Säulendiagramm:

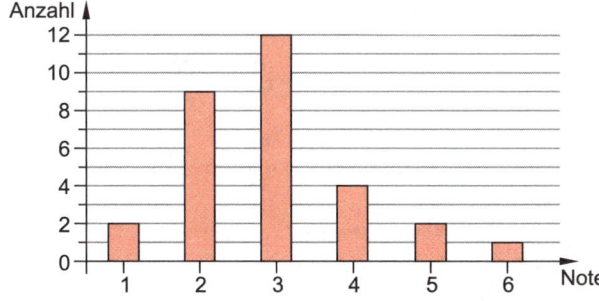

219 a) Gewinn in Mio. Euro

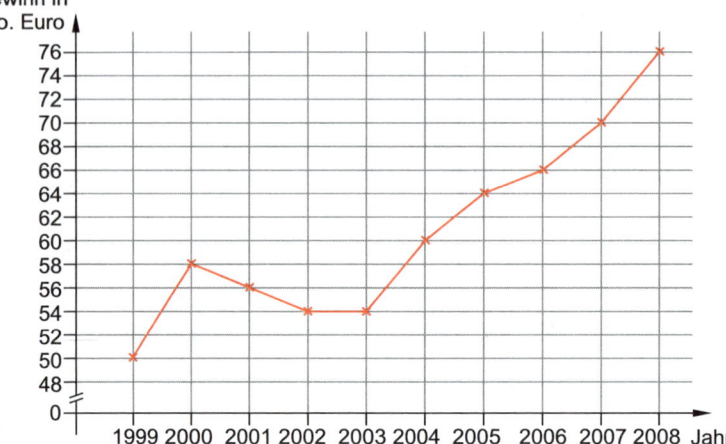

b) In den Jahren **2000**, **2004**, **2005**, **2006**, **2007** und **2008** wurde ein Gewinnwachstum verzeichnet.

c) Im Jahr **2000** war der Gewinnzuwachs am größten.

d) In den Jahren **2001** und **2002** ging der Gewinn zurück.

e) Der Gewinn war in den Jahren **2002** und **2003** gleich hoch.

f) Der Gewinn stieg um **26 Millionen Euro**.

220 a) Frau Schäfer hat den Bestand der Fledermäuse und Turmfalken, in ihrer Gemeinde, von 1950 bis 2010 beobachtet.

b) Der Bestand der Fledermäuse hat sich verdoppelt. Zwischenzeitlich hatte der Fledermausbestand um 50 Tiere abgenommen. Die Population der Turmfalken hat von 400 Tieren auf 150 Tiere abgenommen. Nur von 1970 bis 1980 konnte sich ihr Bestand um 25 Tiere erholen. Im Jahr 1990 gab es genauso viele Fledermäuse wie Turmfalken.

221 a) Paula bezieht sich auf das zweite Diagramm. Dort ist die Säule des Jahres 2050 fünfmal so hoch wie die Säule des Jahres 2020.

b) Dass die Einwohnerzahlen nicht im selben Verhältnis wie die Säulenhöhen stehen, liegt daran, dass die y-Achse im zweiten Diagramm nicht bei 0 beginnt.
Die Einwohnerzahl wird von 20 000 im Jahr 2020 auf 60 000 im Jahr 2050 wachsen. Dies entspricht einer Zunahme mit Faktor 3. (Die Säulenhöhen im ersten Diagramm geben dies auch richtig wieder.)

222
- Es fehlen die Zahlenwerte an der y-Achse, sodass keine Aussagen über die Höhen der Säulen bzw. der Unfallzahlen getroffen werden können.
- Durch die perspektivische Darstellung erscheinen die Säulen weiter vorne erheblich größer als die Säulen weiter hinten, obwohl die vordere, die mittlere und die hintere Säule für die gleiche Unfallzahl stehen.
- Es fehlt die Säule zum Jahr 2015.

223
Die Piktogramme täuschen, da die Mitgliederzahlen der Sportarten nicht den Flächeninhalten der Piktogramme entsprechen. Für eine Anzahl, die halb so groß ist wie eine andere Anzahl, genügt es, die Höhe des Piktogramms zu halbieren, die Breite muss beibehalten werden. Halbiert man auch die Breite, wird der Flächeninhalt des Piktogramms zu klein (ein Viertel, statt halb so groß wie der des anderen). Dies gilt auch entsprechend für die anderen Piktogramme.

224   Vierfeldertafel:

	Radfahrer*in	keine Radfahrer*in	Gesamt
Jungen	300	150	450
Mädchen	225	245	470
Gesamt	525	395	920

- Bei den Jungen gibt es doppelt so viele Radfahrer wie Nicht-Radfahrer.
- Bei den Mädchen fährt knapp die Hälfte Rad.
- Es fahren mehr Jungen als Mädchen Fahrrad.
- Insgesamt fährt mehr als die Hälfte der Schülerinnen und Schüler dieser Schule mit dem Fahrrad zur Schule.

225   a)   Vierfeldertafel:

	Fernseher	kein Fernseher	Gesamt
Jungen	23	61	84
Mädchen	15	44	59
Gesamt	38	105	143

Schritt 1: $23 + 15 = 38$
Schritt 2: $143 - 38 = 105$
Schritt 3: $105 - 44 = 61$
Schritt 4: $23 + 61 = 84$
Schritt 5: $15 + 44 = 59$

b) • Es haben mehr Jungen als Mädchen einen Fernseher in ihrem Zimmer.
- Ungefähr jeder Vierte hat einen Fernseher in seinem Zimmer.
- Ungefähr drei von vier Kindern haben keinen Fernseher in ihrem Zimmer.